倭　寇

海の歴史

田中健夫

講談社学術文庫

はじめに

「倭寇《わこう》」という文字は、中国や朝鮮の文献にみえる文字で、日本の文献にはみられない。その意味も、本来は日本人の寇賊あるいはその行動のはずであるが、時と場所のちがいによってさまざまに用いられ、「倭寇」という文字であらわされるものの実体をつかまえることはなかなか難しい。

しかし、一般に「倭寇」とよばれているのは一四～一五世紀の倭寇と一六世紀の倭寇であり、本書でもこの二つの時期の倭寇を記述の対象とした。倭寇は東アジアの沿海諸地域を舞台とした海民集団の一大運動であるが、構成員は日本人だけではなく、朝鮮人・中国人・ヨーロッパ人をふくんでいる。日本史上の問題というよりも、東アジア史あるいは世界史の問題といったほうがふさわしい。倭寇の活動は東アジア諸国の国内事情を母体とし、国際関係の歪《ひず》みを引き金として発生し、大きな影響、大きな爪あとを中国大陸・朝鮮半島・日本列島・琉球列島・台湾・フィリピン・南方諸地域の諸国人民に残し、これら地域の歴史を変革しながら消滅していった。

二つの時期の倭寇の全貌を知るためには、まずこの時代の東アジアの国際環境がどのようなものであったかを正確に把握しておく必要がある。中国大陸では漢民族の宋が蒙古民族によって倒されて元王朝がおこり、それがさらに明によって漢民族の支配が回復されている。朝鮮半島では四〇〇年以上つづいた高麗が倒れて李氏の朝鮮がかわり、琉球列島では新興の中山王朝が沖縄本島の統一をなしとげて海外発展に乗りだしている。日本でも鎌倉時代から南北朝時代を経て室町時代に移り、武家の政権が日本全国を支配する体制がようやく固まりつつあった。アジアの国々はそれぞれに大きな変革を経験していたといえよう。倭寇はこうした東アジアの激動の時代に発生して国際社会の動向を大きく左右したのである。

二つの時期の倭寇の時代につづいて、豊臣秀吉の朝鮮出兵、鄭成功の台湾占拠、南洋から台湾やフィリピン地域におけるヨーロッパ船の勢力変動、キリシタンの伝道、明・清王朝の交替、豊臣政権から徳川政権への移行、朱印船貿易、長崎貿易などの重要事件があいついでおこるが、これらの歴史上の事件も倭寇との関連をぬきにしてはその意義を正しく理解することはできないであろう。

倭寇の世界は、掠奪行動・残虐行為・貿易活動・文化交流などの要素をふくみながら多様多彩に展開し、かれらの行動には野心・詐謀などがうずまき、海の男の夢や哀愁が託されることもあったにちがいない。しかし、私は倭寇の世界をロマンの世界だとはおもわないし、日本人の輝かしい海外発展とする常識的なみかたにも賛同することはできない。

本書では、倭寇の功罪を論ずるよりも、倭寇の活動をなるべく高い観点から考察して、その実像を東アジアの国際社会という背景のなかに立体的に浮き彫りにしてみたいとおもった。これまでの歴史叙述では陸地中心の歴史観が主流をなしていたが、倭寇の問題はその範疇ではとらえきれない。より広い視野からの、国境にとらわれない海を中心とした歴史観の導入が必要である。それは単なる海面の歴史ではなく、陸の歴史をも包摂するものであり、日本の歴史ばかりでなく、琉球の歴史も、朝鮮半島の歴史も、中国大陸の歴史も、世界全体の歴史をもつつみこむ歴史叙述でなければならぬとおもう。私は本書を「海の歴史」の序章のつもりで書いたのであるが、このことを理解していただくことができれば幸いである。

倭寇関係の史料は大部分が漢文（中国・朝鮮）で書かれているが、ほかに日本文や欧文のものもあって、その量は厖大である。それにともない先学の研究も数多く発表されている。執筆にあたっては、巻末にあげた参考文献のほかにも多くの著書・論文を参考にした。叢書の性質上本文中にはいちいち注記することはしなかったが、先学の諸業績には深く敬意をあらわすものである。また、本書では史料をもとのかたちのままで引用することや考証にわたる記述はなるべく避けることにしたために、かえって説明が不充分になり、わかりにくくなった個所がいくつかある。御海容をおねがいしたい。

著　者

目次

倭寇

海の歴史

概観　一四〜一五世紀の倭寇と一六世紀の倭寇

「倭寇」の意味

「倭寇」ときくと、半裸でハダシ、大刀を腰にぶちこんで大海を荒しまわるアラクレモノの日本人という姿を漠然と脳裏におもいうかべる人がいるようだが、このような倭寇像は、歴史の真実とはかなりへだたっている。

「倭寇」の真の姿を知る前提として、まず「倭寇」という言葉がどうして作られ、どのように用いられてきたかを明らかにしておくことが必要である。

「倭寇」という文字のあらわれる史料で最も古いものは、管見のかぎりでは、高句麗《こうくり》広開土王《こうかいどおう》（好太王）の碑銘である。この碑は鴨緑江《おうりよくこう》西岸の中国吉林省集安県にある。いわゆる『魏志倭人伝《ぎしわじんでん》』（正しくは『三国志』魏書、東夷伝、倭人条というべきである）とともに、日本古代史を解明するための最重要の史料とされているものである。この碑の第二段に倭および百済《ひやくさい》と高句麗とが交戦した記事があり、広開土王十四年（四〇四）甲辰の条に「倭寇潰敗、斬殺無数」とある。この記事が中世の倭寇と同様な内容の倭寇をさしたものではないことはいうまでもない。意味は「日本の侵略軍が潰滅した」というほどのことであろう。「倭」という言葉で日本をさしていることはまちがいないが、注意しなくてはならぬのは、これは外国からの他称であって、日本人自身の自称ではないことである。しかも、この他称には少しばかり軽侮の感情がこめられていたようである。さしあたり「ジャップ」程度のものと考えてよいであろう。

倭という文字の使用は、中国歴代の正史を一覧すれば、いっそう明らかになる。中国の正史のうち、わが国の伝をのせているものは一五あるが、それはつぎの通りである。最上段が書名、つぎが製作されたときの王朝名、下の二段がわが国に対する呼び方である。くわしくは、岩波文庫『魏志倭人伝、他三篇』をみていただきたい。

『後漢書』	南朝宋	東夷	倭
『三国志』	晋	東夷	倭人（魏志倭人伝）
『晋書』	唐	東夷	倭人
『宋書』	南朝梁	夷蛮	倭国
『南斉書』	南朝梁	東南夷	倭国
『梁書』	唐	東夷	倭

『南史』	唐	夷貊下	倭国
『北史』	唐	四夷	倭国
『隋書』	唐	東夷	倭国
『旧唐書』	五代晋	東夷	倭国・日本
『新唐書』	宋	東夷	日本
『宋史』	元	外国	日本国
『元史』	明	外夷	日本国
『新元史』	中華民国	外国	日本
『明史』	清	外国	日本

「倭」が他称なのに対し、「日本」とか「日出処」とかいうのが自称である。右の一覧表をみると、倭という呼び方は『旧唐書《くとうじょ》』以前に限られ、いずれも四夷の伝のなかにふくまれている。これに対し、日本で七世紀末にはすでに用いられていた「日本」という呼び方は『旧唐書』以後にあらわれ、『旧唐書』と『新唐書』では東夷伝だが、他では外国伝のなかにいれてある。中国の正史では五代・宋の時代にはじめてわが国の自称である「日本」の称号を認めたのである。「寇」は、中国では「群行攻劫」の意（『書経』）または、国外の兵乱（『春秋左氏伝』）とされ、日本ではアダ、カ

スムルなどとよんでいる。この寇の字が倭と結合したのが倭寇である。

ところで、「倭寇」という言葉が成語として固定したのはいつであったろうか。わたくしは、これを一四世紀の中葉以後と推定する。『高麗史《こうらいし》』は、李氏の朝鮮の時代の文宗元年（一四五一）に金宗瑞《きんそうずい》・鄭麟趾《ていりんし》らが王命を奉じて撰した高麗王朝に関する官選歴史書で、一三九巻からなり、数少ない高麗の史料のなかで最も貴重な存在とされているが、倭寇に関しても豊富な記事を提供してくれる歴史書の一つである。この『高麗史』の高宗十年五月の条にある「倭寇金州」という文章が、普通倭寇の文字の初見とされている。高宗十年は、日本では貞応二年（一二二三）で、蒙古の来襲はこれより約半世紀後のことであった。ところで、「倭寇金州」は、当然「倭《わ》、金州に寇《こう》す」と読むべきもので、「倭寇」という熟字ではなく、したがって、この時期に「倭寇」という固定した観念が存在していたと読みとることはできない。

倭寇という言葉が成語になったのは、高麗忠烈王四年（一二七八）のころであろうというのが中村栄孝氏の意見であるが、わたくしは高麗忠定王二年（一三五〇）以後としたい。すなわち、『高麗史』『高麗史節要《こうらいしせつよう》』等の朝鮮史料は、一三五〇年に固城《こじょう》・竹林《ちくりん》・巨済《きょさい》などの地方に倭寇のあったことを書き、「倭寇の侵、これに始まる」とか

「倭寇の興る、これに始まる」とかしている。ここにみられる「倭寇」の語の使い方は、明らかに成語としての使用法であり、この時期には「倭寇」という観念がすでに明らかに固まっていて、朝鮮人に意識されていたことを物語っている。

なお『高麗史』の記事は、日本や日本人のことを書く場合に、すべて「倭」としているわけではない。ときには「日本」という呼び方も使っている。「倭」はやはり、いくぶん侮蔑の意味がこめられていたのであろう。「倭寇」の語は、憎しみあるいは侮蔑の感情をこめて外国人が称した外国語が、外国文献から原語のままとりいれられて、充分な検討を経ないうちに、日本史上の歴史的名辞となった言葉であることを理解しておく必要がある。かつて、第二次大戦中「倭寇」の文字が嫌われて日本史の教科書から抹殺されたことがある。また「倭寇」のかわりに史料には出てこない「和寇」の字をあてている人もいる。しかし、このような新造語の使用は、倭寇の実態をかえってボカしてしまうおそれがある。「和寇」の文字を最初に用いたのは、頼山陽あたりらしいが、「倭」をきらって「和」にしたことは、かえって「倭寇」の本質をみないことになろう。本書では、史料にあるままの「倭寇」の文字を用い、それが時代により場所により変化していったあとをたどって記述してゆきたい。

一四～一五世紀の倭寇と一六世紀の倭寇の相違

歴史の叙述ではつねに、いつ、どこで、だれが、どんな理由で、なにをして、それがどうなったか、その歴史的意味は何か、ということが問題とされる。これを倭寇の問題にあてはめて考えてみよう。

まず「いつ」の問題である。すなわち倭寇が活動した時期である。これは律令《りつりょう》制度が何世紀から何世紀までつづいたとか、室町幕府が何年から何年までとか、『平民新聞』は何年にはじめられて何年に終わったかというような類と同一の考え方では処理できない。前述したように倭寇の文字は広開土王碑にはすでにあらわれていたし、一四世紀から一六世紀にかけては、それこそ枚挙にいとまがないほどの記事があり、豊臣秀吉の朝鮮出兵も、鄭成功の台湾攻略も、近くは二〇世紀の日中戦争まで、すべてが一様に「倭寇」の文字によってあらわされてきた。まさに倭寇は日本歴史のはじまりから現在にいたるまで存在し続けているのである。

本書では、記述の対象を倭寇活動が最も激しかった一四～一五世紀と一六世紀との二つの時期におくことにした。普通歴史上の事件として理解されているのがこの二つの時期のものだからである。従来、この二つの時期の倭寇は「前（初）期倭寇」「後期倭寇」とよばれることがあり、私も両者を区別して考える必要からこのよび方にしたがってきた。しかし、この二つの時期の倭寇は本書で詳しく述べるように同性格あるいは同内容のものではなく、連続性をみとめることは難しい。年代が近接しているというだけで、前期と後期とに分けることはいささか不自然であり適切ではないことに気が付いた。よって本書では「前期倭寇」「後期倭寇」というよび方をとらず、「一四〜一五世紀の倭寇」「一六世紀の倭寇」というよび方をとることにした。この二つの時期の「倭寇」は、同じ倭寇の名でよばれてはいるが、その発生の理由も、構成員も、行動の地域も、性格もまったく相違していたのであって、書かれた「倭寇」という文字だけが同じだったにすぎない。

つぎに「どこ」の問題を考えてみよう。文献によって、倭寇が行動したあとをたどってみると、朝鮮半島では、南岸や黄海沿岸はもとより、日本海沿岸もその舞台になっている。中国大陸では、海に面した遼東・山東・江蘇・浙江・福建・広東の全域が倭寇の暴威にさらされた。倭寇の足跡は、さらに南方にのび、台湾やフィリピンにもいたっている。まさに東アジアの全海域が倭寇活動の舞台となったのである。ただ、一四〜一五世紀の倭寇と一六世紀の倭寇とでは行動の地域は同一ではない。倭寇と一括してよばれる集団も、時期によりその行動の範囲に相違があった。

「だれが」という問題はどうであろうか。一四〜一五世紀の倭寇のなかには多くの日本人がいた。朝鮮半島におけるかれらの行動は日本人の罪悪史の一ページとして、ながく記憶されなければならない。しかし、倭寇の構成員のなかには禾尺《かしやく》・才人《さいじん》などとよばれた朝鮮の賤民層のものも多く参加していたのである。

一六世紀の倭寇は、中国人自身が、倭寇のうち日本人は一割か二割程度にすぎないと書いているほどで、大部分は中国人であった。中国人が頭を剃って日本人のさかやきのようにし、日本人に変装して盗賊行動をするものもめずらしくなかった。それに中国では東アジアの海上に新たに進出して貿易活動（密貿易）に従事したポルトガル人やイスパニヤ人をもあわせて倭寇とよんだ。倭寇の主力は中国人だったのである。

なお、倭寇に関する文献は、大部分が外国文献なのであるから、その処理には細心の注意が必要である。中国の官憲が、自分の功績を大きくみせるために、倭寇の残忍さや侵略の激しさを誇大に書いたり、捏造《ねつぞう》して報告したのがそのまま文献に残ってしまった場合などが少なくないのである。また中国人の盗賊行為なども、すべて倭寇の行なったこととして処理されてしまった形跡もある。

「どんな理由で」の問題を考えるにも、一四～一五世紀の倭寇と一六世紀の倭寇とを同一の範疇でとらえることはできない。一四～一五世紀の倭寇が発生した原因は、日本と朝鮮との通交関係の歴史を明らかにし、蒙古が強大な力でおこってきてアジアを制圧した事情、高麗の田制がみだれて国内の政治が弱まったこと、日本国内で南北朝の争乱があり、ことに北九州地方の御家人《ごけにん》や農民が窮乏したことのなかにもとめられる。

一六世紀の倭寇が発生した原因は、これとはまったく別で、主要因は中国国内における生産の増大と海禁政策のゆきづまりのなかにあったのである。

「なにをしたか」の問題も、両者は外形は似ていても実体はまったく別で、一四～一五世紀の倭寇が米と人民の略奪を主としたのに対し、一六世紀の倭寇の目的は強行密貿易であった。暴行は倭寇の一面ではあるが、決して全体像ではなかったのである。

「どうなったか」「歴史的意味は」などの問題は、本論のなかでくわしく述べるが、倭寇が東アジアの政治・外交のうえで果した役割、経済活動、文化交流の側面などにも見すごせないものがある。時代のちがいによってその意味するところや包含する内容のまったくちがう倭寇という言葉を固定的にとらえることは誤りであり、その実体を見失う危険が大きいことを強調しておきたい。

1　一四〜一五世紀の倭寇の発生と活動

倭寇発生の環境

一三五〇年の倭寇

一三五〇年は、倭寇の歴史のうえで重要な意味をもつ年である。『高麗史《こうらいし》』をみると、この年すなわち忠定王《ちゆうてい》二年の二月に、日本人が朝鮮半島南部の固城・竹林・巨済・合浦《がつぽ》（会原）等の地に侵入し、崔禅《さいぜん》らがこれをむかえ撃って破り、三百余人を斬獲した、と書いてあり、「倭寇の侵」がここにはじまったとしている。また『高麗史節要』も、ほぼ同様な記事をのせて「倭寇の興」はここにはじまった、としている。『高麗史』は、高麗王朝に関する官選の歴史書で、李氏朝鮮王朝の一四五一年に金宗瑞・鄭麟趾らによって作られ、『高麗史節要』は翌年にできている。両書はともに高麗時代に関する数少ない文献史料のなかで最も信頼度が高く、貴重なものである。したがって倭寇を知るうえにも欠くことのできない重要史料の一つである。高麗は、いうまでもなく、九一八年から一三九二年まで朝鮮半島に存在した王朝で、建国者は王《おう》建《けん》、都は開城（開京）であった。ちなみに、六六八年までは東満洲・北朝鮮を領域として、扶余《ふよ》族が建てた国に高句麗《こうくり》があり、これを日本では高麗《こま》とよんだので混同されやすいが、高麗《こま》と高麗《こうらい》とはまったく別の国家である。

さて、『高麗史』をみてゆくと、忠定王二年（一三五〇）四月に百余艘の倭船が順天府を襲って南原・求礼・霊光・長興などの漕船《そうせん》を略奪したと記している。漕船とは、租税としての官米を運送する船である。米穀の類が略奪の対象であったことは、これによってはっきりする。五月には六六艘の倭船がまた順天府を襲い、一艘は捕えられ、一三人が斬られた。六月には二〇艘の倭船が合浦の営舎を焼き、固城・会原等を襲い、さらに長興府・安壌郷を襲った。十一月には、東莱郡に倭寇があり、この年、珍島の県令は倭冠からのがれるために内陸の地方に移った。

「倭寇の侵」「倭寇の興」がこの年にはじまったと書かれ、また「倭寇」という成語的な使用例がはじめてみられる点で、一三五〇年という年は注目すべき年であった。この年の干支がたまたま庚寅《かのえとら》であるため朝鮮側では「庚寅《こういん》以来の倭寇」と表現する場合もある。

この「庚寅以来の倭寇」という考え方は、一五世紀のはじめに『高麗史』が編集される前から高麗で通念となっていたことは、一三六七年に日本に来た高麗使者金竜がもってきた元の征東行中書省の咨文《しぶん》と劄《さつ》などのほかいくつかの文献に見えていることによって明らかである。

なお、高麗や朝鮮では自国独自の年号をもっていなかった。宋・元・明などの中国王朝を宗主国《そうしゅこく》とする藩属国であり、その年号を使用していたからである。それゆえ、年代の表記には高宗二十年とか世宗三年というふうに王の治世の年を記すことが多く、また干支で年を表わしたことも少なくない。例えば日本で応永の外寇とよんでいる一四一九年（応永二十六）の対馬襲撃は己亥東征《きがいとうせい》であるし、日本で文禄・慶長の役《えき》とよぶ豊臣秀吉の朝鮮出兵は壬辰《じんしん》・丁酉《ていゆう》の倭乱とよんでいる。余談はおくが、この一三五〇年は日本では南朝の正平五年、北朝の観応元年で足利尊氏《たかうじ》と弟の直義《ただよし》とが対立し、ついには直義が殺されるにいたった観応《かんのう》の擾乱《じょうらん》がおこった年にあたっている。

巻末の一覧表をみれば明瞭なことであるが、たしかにこの年以後倭寇が行動した回数は急激に増加する。和辻哲郎氏は『鎖国—日本の悲劇』のなかで「何故に一三五〇年といふ特定の年から急激な進出がはじまつたかは、今のところ知る由がない」としながらも「一三五〇年の頃には、何か特別に食糧が不足する事情があつて、彼らをこの食糧獲得の運動に追ひ立てたのではないか」としている。しかし、ここでは特別な何かの事情を詮索するよりも、一三五〇年以前の日本と高麗との関係の沿革や、日本の国内事情、高麗の国内事情、蒙古の興起にともなう国際関係の変動などについて、その大要を把握しておくほうが先決である。

高麗に渡った日本の進奉船

高麗の時代、日本とのあいだには政府相互間には、儀礼的な修好関係すら結ばれておらず、正式の外交関係は存在していなかった。しかし、一一世紀以降には、日本船が高麗に渡って貿易活動を行なうことがしばしばあった。『高麗史』には、日本国の船頭とか、薩摩州のものとか、筑前州の商客とか、対馬島勾当官などの通交が記されているが、出身は対馬の人が最も多い。対馬が高麗に最短の距離に位置していたことと、貿易を必要とする島内事情とによるとおもわれる。進献の品として持っていったものは土物《どぶつ》・方物《ほうぶつ》（土産の物）と書かれている場合が多いが、水銀とか、柑橘などのほか、真珠・宝刀・牛馬・弓箭・刀剣などがみえる。いずれも高麗には産出しないものばかりである。

一三世紀の中頃になると、これらの日本船は進奉船とよばれたが、朝鮮側ではあまり歓迎せず、渡航の回数は年一回、船数は二艘以内という規定を作って制限した。進奉の内容は朝貢とほぼ同じであったと考えてよいであろう。しかし、この時代は高麗の商業経済はきわめて幼稚な段階にあり、さかんな貿易活動などはのぞめる状態ではなかった。

やがて、進奉貿易がとだえるときがきた。その時期は、北方におこった蒙古の圧力が大きく高麗におよんできた時期であり、また倭寇の先駆と考えられる高宗朝の海寇《かいこう》が活動しはじめた時期と一致している。日本から高麗に渡った進奉船は、蒙古との折衝に力を使い果して国力の衰えた高麗から拒否されて海盗に一転する可能性をつねにもっていたのである。

松浦党、高麗を襲う

『高麗史』高宗十年（一二二三、貞応二）五月の条に「倭寇金州」とあるのが「倭寇」の文字が『高麗史』にあらわれたはじめであるが、これは「倭、金州に寇《こう》す」と読むべきで、成語あるいは歴史的観念としての倭寇にはなっていないことについては前に述べた通りである。高宗の十二年には、四月に倭船二艘が慶尚道の沿海の州県を襲い、十三年には正月と六月にそれぞれ慶尚道沿海州郡と金州とを襲っている。

これに対応する史料を日本側に求めてみよう。『新古今和歌集』の撰者として有名な藤原定家の日記『明月記《めいげつき》』をみると、嘉禄二年（一二二六、高宗十三）十月十六日の条には、「対馬と高麗国とが闘争しているという巷説《こうせつ》があるが、前代未聞のことであろうか」という法眼《ほうげん》の談話を聞き、「末世の極みなので、敵国が来伐したのであろうか。恐ろしいことだ。悲しいことだ」と不安の心情をかくさずに書きつけている。さらに翌日の記事をみると「松浦党という鎮西《ちんぜい》の凶党等が数十艘の兵船でかの国の別島（巨済島か）に行って合戦し、民家を焼き、資財をかすめとった。行ったものの半分は殺されたが、残りのものは銀器などを盗んで帰ってきたという。朝廷のためにははなはだ奇怪のことである」とし、日本が高麗の怨みを買うようなことになれば、宋との往来も容易でなくなるといい、当時唐船一艘が高麗に寄港したところ火をつけられ一人残らず殺されたという事件を記し、「末世の狂乱至極、滅亡の源か」としている。定家の記していることは、京都における風説の聞き書きで、もとより正確な事実の報告ではないけれども、朝鮮半島における日本人の略奪的行動が、京都の公家の耳にも伝えられ大きな衝撃をあたえた様子は充分に読みとることができよう。

『明月記』の十二月七日の条には、「高麗来撃の疑」があるので朝廷の評議を行なうという話を書き、またも「末代の極みか」という感想を記している。藤原経光《つねみつ》の『民経記』も十二月二十七日の条に肥後と壱岐などが高麗国と合戦におよび、日本人が高麗の内裏《だいり》に参入したという記事をのせている。

この翌年にあたる安貞元年（一二二七）二月十八日、朝廷では高麗のことに関して評議があった。高麗への侵入ということについて公家がどのような決定をしたかは興味のあるところであるが、決定の内容は書かれていない。

この年五月、高麗から全羅州道按察使の使者が日本の大宰府に着き、日本人の高麗における悪事をあげて、そのおこった理由をただした。牒文は、鎌倉幕府の史書の『吾妻鏡』にのっている。二月付になっているが、前年六月における金州の事件について抗議してきたものであることは明らかである。この牒文には、高麗では対馬島人のために館舎をおいていたこと、暴行を敢行したのが高麗在留の対馬島人であったこと、このような行為は従来の友好関係を破壊するものであったことなどを明らかにしているが、進奉の貿易が行なわれなくなっていたために日本人が悪事をはたらくようになったことを想像させる文章が書かれている。

『高麗史』には、同年の五月に日本国から書を送ってきて、「賊船寇辺の罪」を謝して修好互市を願った、と記されているが、これが高麗使に対する大宰府の反応であった。一方、京都の公家はこのことをきいて、大宰少弐《しょうに》資頼が上奏を経ずに高麗使節の面前で悪徒九〇人を捕えて斬首し、勝手に返牒を送ったというが、それは「我国の恥」であるとした。少貳氏は京都の動向を無視して進奉貿易を復活しようとしていたのかもしれない。『高麗史』は、この使節派遣の結果日本人の侵掠がすこし止んだ、と書いている。少貳氏の行動は侵略者の取り締りにも実効をあらわしたのである。

高宗十五年（一二二八、安貞二）以後は侵略に関する記事は『高麗史』にみえなくなり、わずかに日本側の『吾妻鏡』に貞永元年（一二三二、高宗十九）筑前鏡社の住人が高麗を襲って珍宝を持ち帰ったのを罰した記事が目につく程度である。高麗で蒙古との折衝がいそがしくなったことや、辺海の防備体制が配慮されたことなどの影響であろうか。

蒙古の高麗侵入

元寇とよばれる蒙古軍の襲来は日本史上の重大事件であって、その影響するところはきわめて大きかったが、高麗が蒙古からうけた打撃は日本の場合とは比較することができないほど猛烈なものであった。

高麗は一〇世紀以来契丹《きったん》（遼《りょう》）や女真《じょしん》（金）など北方の勢力の圧迫をうけつづけてきたが、蒙古の侵略は、これらよりもさらに大きく激しいものであった。蒙古は、太祖チンギス＝ハンのあとをついだ太宗オゴタイ＝ハンの三年、すなわち一二三一年(高麗高宗十八)に高麗にはじめて出兵したが、以後三〇年にわたって蒙古軍は高麗の山野を制圧したのである。高麗では、国初以来三〇〇年にわたって首都であった開京を捨て、都を海上の江華島《こうかとう》に移し、崔《さい》氏の武臣政権が実権をにぎって蒙古に対して激しい抵抗をつづけた。江華島では大蔵経が再刻された。さきに契丹が侵入したときに外敵をはらう願いをこめて彫造した大蔵経の版木が蒙古兵に焼かれたので、この外患のなかで第二回の彫造が行なわれたのである(一〇六ページ参照)。蒙古の侵入は、一二三二年・一二三五〜三九年・一二四七〜四八年・一二五三〜五四年と執拗にくりかえされ、高麗王高宗はついに江華島を出て蒙古の使者を迎え、王子を蒙古に送ったのでやがて蒙古軍も朝鮮半島から撤収した。

しかし、蒙古軍は口実を設けて侵入を再開し、一二五四年に高麗に侵入した蒙古軍は、男女無慮二十万六千八百余人を捕え、多くの高麗人を殺し、その通過地区は灰燼《かいじん》に帰したという。ついで、一二五五年・五七年・五八年の侵寇があり、一二五九年に高麗では太子倎《てん》を蒙古に送り、開京への遷都《せんと》を約束して降伏した。

蒙古では、一二六〇年に世祖フビライ＝ハンが即位し、高麗に対する政策を武力制圧策から平和的な懐柔策に改め、高麗を蒙古の陣営に加えて日本遠征の一翼をになわせることにした。蒙古と高麗の連合軍による日本遠征——文永・弘安の役——が決行された時期は、高麗の元宗・忠烈王の時代であるが、高麗側の記録には、日本人が高麗を侵寇したという記事はほとんど見当らない。

倭寇発生の年として注目される一三五〇年は、高麗では忠定王の二年、蒙古はすでに国号を元と改めており、その順帝の至正一〇年である。日本と高麗との通交関係が絶え、元と高麗軍との戦争がおこり、高麗の国内が空前の疲弊の状態におかれていたときに、倭寇という海民の運動がまきおこったのである。キッカケさえあれば倭寇はいつでも発生しうる環境が作りだされていたのである。倭寇は高麗王朝が倒壊した一三九二年にいたるまで、約四〇年間にわたり、朝鮮半島の沿岸を荒しまわることになった。

倭寇の猛威

倭寇活動、朝鮮半島をゆるがす

高麗の忠定王につづく恭愍《きょうびん》王の治世（一三五二〜七四）は、倭寇の活動が本格化する時期である。一三五八年には、倭寇のために財政が窮乏し、百官の俸禄を支給することができなくなるというほどの大きな経済的な打撃をうけた。経済危機とともに軍政も崩壊し、地方行政の機構も停止の状態に追いこまれ、倭寇の攻撃目標になりやすい全羅道等沿海地方の倉庫を内陸部に移すなどの処置がとられた。いわば官庫の疎開移転である。

恭愍王治世における倭寇の特色は、

(一) 行動の目標が、米穀などの生活必需品の獲得におかれていたこと。すなわち、租税としての米穀を運ぶ漕船と、それを備蓄しておく官庫とが主要な攻撃対象とされたこと。

(二) 高麗の南部沿岸ばかりでなく主都開京(開城)付近にまで、しばしば攻撃していること。

(三) はじめ二〇隻くらいであった船団から、兵数三〇〇〇とか、船数四〇〇余とかいわれる大規模な倭寇があらわれたこと。

などがあげられる。

恭愍王の治世の後半から、つぎの辛禑《しんぐう》王(前廃王)の時代(一三七五〜八八)にかけては、倭寇の侵寇が極点に達した時代である。

『高麗史』はつぎのような話を伝えている。辛禑王の初年に、日本人の藤経光というものが一党をひきいて入寇するからと称して恐喝して食糧を求めた。これに対して朝鮮では食糧をあたえたが、全羅道元帥金先致は、経光に酒食を供して誘殺しようと企てた。ところが計画が漏れ、経光は一党とともに海上に逃れ、わずかに三人を捕えて殺すにとどまった。この事件以前には、日本人は沿海の州郡を侵略しても人を殺すことはなかったが、経光の事件に激怒してからは、入寇するたびに婦女や幼児をみな殺しにするようになり、全羅・楊広の沿海の地は蕭然《しようぜん》として空虚になってしまった、と。以上の話が倭寇激化の最大原因とはおもわれないが、このころから倭寇の活動が狂暴さを増したことは確かである。

南原山城の若大将

この時期、倭寇を相手に活躍した高麗の武将の一人に李《り》成桂《せいけい》がいる。のちに朝鮮王朝を建てた人物である。一三八〇年（辛禑王六、天授六、康暦二）の九月に南原山城の戦いがあったが、その時の李成桂の武勇は『高麗史節要』につぎのように伝えられている。

李成桂は、倭寇が放った矢にあたって負傷したが、ひるむことなく八人を殺した。

そして太陽をさし、左右をかえりみて「卑怯者は去れ、われはただ賊を殺すのみだ」といった。そこで将士は感奮して勇気百倍し、死力をつくして戦った。けれども賊軍はうごかない。

賊軍のなかに、わずか一五、六歳の大将がいた。容姿は端麗であり、しかも驍勇《ぎょうゆう》無比。白馬にまたがり、槍をふるって馳せまわり、これに敵するものがない。高麗軍はこれを阿只抜都《アキバツ》とよんで、できるだけ避けるようにした。

「阿只」a-ki は朝鮮語で「幼児」を意味し、「抜都」batur は蒙古語で「勇敢無敵の士」を意味する。「阿只抜都」は「勇敢無敵の若大将」といった程度のよび名であろう。

李成桂は阿只抜都の勇鋭を惜しくおもい、部下の豆蘭《とうらん》に生け捕りにするように命じた。豆蘭は「生け捕ろうとすれば、必ず負傷者が出ます。それに、かの人は顔に堅甲を着けているので、矢で射る隙がありません」と答えた。そこで成桂は「自分がかれの兜の頂子を射よう。兜が落ちたら、汝がこれを射よ」といい、馬を躍らせて、これを射た。矢は兜の頂子に命中し、兜の緒が切れた。その人は、これを整えようとし、成桂がさらにこれを射たところ、またも頂子に当り、兜はついに落ちた。そこに豆蘭が射かけ、これを殺した。

こうして倭寇軍は気がくじけ、成桂は大奮戦して倭寇軍を破った。川の流れは血によってことごとく赤く染まり、六〜七日間色を変えなかった。敵の馬千六百余匹を捕獲した。（以下略、原漢文）

右の話は、李成桂の功績を大きくみせるために、かなり潤色されているらしいが、高麗軍が恐れて近づくことのできなかった日本人の若武者がいたというあたりは、なかなかみごとに書かれていて、一巻の絵巻をみるようである。なおこの話から、倭寇集団には騎馬隊があったこともあわせ知ることができる。

高麗の賤民、倭寇とむすぶ

辛禑王時代の倭寇のなかには高麗の賤民が多く参加していた。『高麗史』をみると辛禑王八年（一三八二、弘和二、永徳二）四月に寧海を荒した倭寇の正体は禾尺群聚が倭寇の名を騙《かた》ったもので、禾尺とは揚水尺のことである、としている。また同書の辛禑王九年六月の条には、交州江陵道の禾尺と才人がいつわって倭賊となり、平昌・

原州・順興等のところを侵略した、と書いてある。禾尺（水尺とも書かれる）・才人は、朝鮮人から異種族とみられていた賤民で、禾尺は牛馬の屠畜、皮革の加工、柳器の製作などにしたがう集団であり、才人は仮面芝居や軽業を職とした集団である。いずれも伝統的に蔑視されていたもので、これが倭寇と結びついて高麗の官庫をおびやかしたのである。後年のことになるが、李朝鮮の世宗二十八年（一四四六）判中枢院事李順蒙は、倭寇の構成人員のことに言及して「倭人は一〜二割で、朝鮮人が倭服をかりに着て徒党して乱をなしたのだということを聞いている」と語っている。

辛禑王の時代の倭寇の特色は、

（一）倭寇の行動範囲が北朝鮮の竜州（義州）付近にまでのびたこと。
（二）南朝鮮の全羅・慶尚の地方では奥地にまで倭寇が入りこんでいること。
（三）朝鮮の日本海側の斜面すなわち江陵道を北上する倭寇があったこと。
（四）大規模な騎馬隊の集団があったこと。
（五）禾尺・才人などの多数の高麗賤民が倭寇に合流して行動していること。

などである。倭寇の行動の範囲が広くなり、また内陸部にまでおよんだのは、南朝鮮の沿海の地ではすでに目的を達することができなくなったからであろう。

李氏朝鮮王朝の成立

高麗では、辛禑王十四年（一三八八、元中五、嘉慶二）六月に、李成桂の一味が王を廃して新王を擁立した。辛昌王である。この王が在位したのはわずか一一ヵ月であったが、倭寇はこの時期に高麗の国内事情の動揺につけこんで最後の暴逆をはたらいた。しかし、この時期は、これまで守勢一方だった高麗の国防体制が、攻撃的な姿勢に転じた時期としても注目される。辛昌王の元年（一三八九）二月、慶尚道元帥朴葳《ぼくい》は、兵船一〇〇艘をひきいて対馬島に攻撃をかけてきた。日本船三〇〇艘を焼き、宿舎を破壊し、捕虜になっていた高麗人百余人をさがし出して、これを高麗に連れ帰ったという。

辛昌王が江華島に追われたのちに迎えられたのは恭譲王であるが、この王の治世は二年半つづいた。この時代になると、さすがの倭寇も衰退の色を濃くしていた。

李氏朝鮮の建国者李成桂（太祖）は、咸鏡南道に生まれた武人で、北方では女真《じょしん》の勢力を平定し、南方では倭寇の平定に力をつくした。一三八八年（辛禑王十四）には明に対抗した高麗政府軍をひきいて遼東への進攻をはかり、鴨緑江の川中島である威化島にまで着いたが、ここで軍をかえし、高麗政府の中心人物であった武臣の崔瑩《さいえい》をしりぞけ、辛禑王を廃して辛昌王をたてて新政府を作ったのである。李成桂はついで

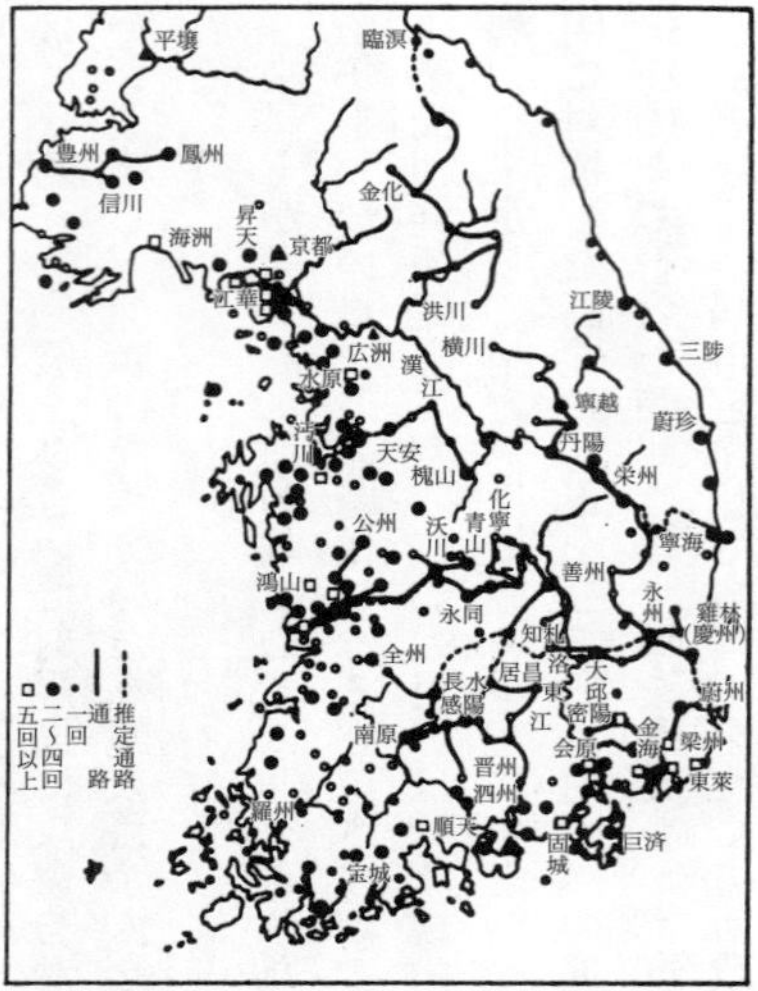

朝鮮半島における14〜15世紀倭寇の活動
（津田左右吉氏の原図による）

辛昌王をも廃して恭譲王を立て、政治・軍事の諸権力を手中におさめて田制の改革に成功した。一三九二年（元中九、明徳三）群臣から推されて王位につき、高麗王朝にかわる新王朝をひらいた。はじめ国号はもとのように高麗と称していたが、同年明の洪武帝のもとに使者を送って冊封《さくほう》を請い、国号を朝鮮か和寧かのいずれかに決めたいとの希望を伝え、明皇帝の決裁により、翌年国号を朝鮮に改め、首都も一三九四年開城から漢陽（ソウル）に移した。

倭寇は、高麗王朝の末期から衰えを見せてきていたが、朝鮮新王朝ができてからはいっそうその速度がはやくなった。

高麗末の倭寇と朝鮮初期の倭寇との相違点をあげてみると、高麗末の倭寇は規模も組織もまちまちで、侵略の地域も沿岸地方から内陸部にまでおよんでいたのに対し、朝鮮初期の倭寇は規模が小さくなり、大体数隻から十数隻くらいまでの小編成のものとなり、侵略の地域も沿岸の地方にかぎられるようになったことである。

倭寇の変質分解

倭寇禁止の要求に高麗使者来る

たびかさなる倭寇の侵寇になやみ、武力で撃破することが困難であることをさとった高麗では、倭寇鎮静の糸口を外交による折衝に見出そうとした。

高麗恭愍王の十五年（一三六六、正平二十一、貞治五）金逸《きんいつ》と金竜《きんりよう》が足利氏に倭寇禁止を求めるために派遣され、両人は翌年二月京都に着いた。このとき両人がもってきた劄付《さつぷ》には、庚寅の年（一三五〇）以来倭寇が朝鮮半島で暴威をふるっていることを告げて、室町幕府にその取り締りを要求したものであり、差出者の名義は元の征東行中書省になっていた。征東行中書省とは元が高麗に設けた地方統治の機関で、高麗国王を最高長官とし、高麗の全領域を管轄区域としていた。幕府は高麗の劄付に答えて、賊船が外国を侵犯しているが、これらはいずれも四国・九州地方の海賊どもの行為であり、京都からは厳罰を加えることができない、として朝廷に代わってはじめて返書を作り、鞍馬・鎧・太刀などを使者にもたせて高麗に送り返した。室町幕府はまだ草創の時期で、国内の海賊に対して充分な統制を加えることができなかったのでこのような曖昧な対応しか示せなかったのであろう。しかし、このときの折衝はまったく効果のないものではなかったらしい。『高麗史』の恭愍王十七年（一三六八）の条に倭寇に関する記事が一条もみえないことは折衝がもたらした実績である。のち辛禑王三年（一三七七）判典客寺安吉祥が日本に来たが、そのときの請禁賊書のなかにも「万戸《ばんこ》金竜等を派して征夷大将軍の禁約をうけてからやや寧息《ねいそく》を得た」と記されている。

恭愍王十七年という年は、一方では高麗と対馬宗氏とのあいだで通交関係ができた年としても注目される。この年の七月対馬島万戸が高麗に使いを送り、閏七月李夏生が対馬に送られ、十一月には対馬島万戸宗崇慶の使者が高麗にいたって米一〇〇〇石を支給された。宗崇慶は宗宗慶を書き誤ったものであろう。万戸は元の官名だが、この場合は、対馬の大名という程度の意味であろう。

高麗側の外交折衝政策は一応の成果をおさめたにもかかわらず、なぜかただ一度で中止され、翌年から倭寇はまた活動をはじめ、辛禑王時代の大倭寇を招くことになった。そして、高麗側では、大惨禍をうけたのちに、ふたたび外交折衝策を採用したのである。辛禑王の時代には元年（一三七五、天授元、永和元）に一回、三年に二回、四年に一回、五年に一回、合計五回にわたって使者を日本に派遣した。使節に任じられたのは判典客寺羅興儒・判典客寺安吉祥・前大司成鄭夢周・版図判書李子庸・前司宰令韓国柱・検校礼儀判書尹思忠で、いずれも高麗にあっては大官・高吏で名臣とうたわれた人物であった。かれらは幕府ばかりでなく今川氏や大内氏とも連繫を確保し、倭寇によって略奪された高麗人の送還に努力し、成功した。とくに鄭夢周は賊の首領と話し合って被虜《ひりょ》高麗人を買って帰ることを計画したという。これは高麗の人民が奴隷として売買の対象にされていたことを物語るものである。

朝鮮にうけつがれた外交折衝

外交折衝による倭寇鎮圧政策は、李氏朝鮮によってもうけつがれた。太祖李成桂は、即位した年（一三九二、元中九、明徳三）にはやくも僧覚鎚《かくずい》を室町幕府に送り、倭寇の禁止を要求した。足利義満は、これをうけて、九州地方の武士に賊船を禁止させて被虜人《ひりょじん》を送還させることにし、絶海中津《ぜっかいちゅうしん》に答書を作らせ、寿允《じゅいん》を使者として朝鮮に送った。こののち朝鮮から倭寇禁止と被虜人送還の要望がくりかえされ、日本でも九州探題今川了俊《りょうしゅん》（貞世《さだよ》）をはじめ熱心に被虜人の送還につとめるものがでてきた。太祖の四年（一三九五、応永二）、了俊は朝鮮に書を送って、最近は以前と比較すると賊の数が八〜九割も減った、と報告している。そして了俊が大内義弘の讒言《ざんげん》にあって京都に召還されたあとでは、大内氏が今川氏にかわって朝鮮との交渉の表面にあらわれてきた。大内義弘の朝鮮との交渉は、了俊の帰京後に渋川満頼が九州探題として博多に着任するまでのわずかな間隙をねらってはじめられた。義弘は応永二年（一三九五、太祖四）十二月に朝鮮王に物を献じ、翌年三月通竺・永琳の二禅僧を送って禁賊と被虜人の送還を報じ、あわせて大蔵経を求めさせた。義弘は応永四年にも永範と永廓とを派遣したが、このとき朝鮮では前秘書監朴惇之《ぼくとんし》を回礼使に任じて永範らと同行させて日本に送った。回礼使の使命は大内氏に謝意を表わすだけでなく、足利義満に対しても敬意を表し、倭寇の禁止を要求することであった。朴惇之の一行は応永五年の夏に来日し、山口を経て京都にいたり、「三島の賊」を禁止するように要求した。「三島の賊」とは朝鮮で倭寇の主要根拠地と考えていた対馬・壱岐および肥前松浦地方の倭寇をさした言葉と推定される。義満はこれに答えて、よろこんで禁賊を約束し、惇之の一行はこれを聞いて応永六年五月朝鮮に帰った。このとき義満は被虜人百余人を送り返し、使者に大蔵経の版木《はんぎ》と仏具とを要求させた。なおこのとき、義満は朝鮮国王にあてて直接に外交文書を送ることはせずに、大内義弘に命じて朝鮮と通交させるという形式をとった。義満には、この時点ではまだ自身を外交権を行使することのできる日本の最高の主権者として意識することはなかったらしい。

応永六年（一三九九、定宗元）の七月、大内義弘は、その先祖が百済からでているという所伝を理由に、朝鮮に対して土地を要求した。大内氏の先祖は百済の聖明王《せいめいおう》の第三王子琳聖《りんしょう》太子の子孫であるから、先祖の縁故の地に土地を賜わりたいというものであった。定宗はこの要求を都評議使司で論議させたが、土地の賜与は不可であるとの意見が採用された。ところがこの年の十月に義弘は幕府にそむいて応永の乱をおこし、十二月に堺で敗れて自殺してしまったので、土地請求のことも自然消滅した。

土地制度の整備と軍備の拡充

倭寇が猛威をふるうことができた大きな原因は、高麗の国内政治が乱れて、倭寇に対抗する力をもつことができなかったところにある。すなわち、高麗における土地制度の乱れと、それによって生じた軍制のゆるみとが、長期にわたる倭寇の活動を許すことになったのである。

高麗初期の土地制度は、唐の制度をまねたもので、公地を原則とした。土地は文武百官をはじめ府兵・郷吏そのほか国家の役職を負担するものに対して、地位に応じて田地と柴地とが支給され、田柴科《でんさいか》とよばれた。功臣や官僚には世襲することを許された功蔭《こういん》田柴があたえられ、各官衙《かんが》には公廨田が支給され、寺院や王公・貴人には賜田があたえられた。租が国庫に入る土地が公田で、私人に入る土地が私田であった。しかし、高麗の中期になると農荘という私的所有地が拡大し、土地制度が乱れはじめた。農荘の増加は王城に住む王室・宗室・官僚などの収入を増したが国庫の収入を圧迫し、そのため官僚の俸禄が支給できないほどになった。また田柴科制の崩壊によって公民は逃散流亡《ちょうさんるぼう》し、その苦役は奴隷よりもひどいものとなり、妻子を売り、無食を訴えるありさまで、「全亡の州郡」さえも出現したという。

　このような時期に蒙古の侵入と倭寇の侵寇とが行なわれたのである。禾尺・才人などの賤民が倭寇を偽称して行動する社会的条件は充分に成熟していたといえよう。

　田制の乱れとともに軍制がゆるみ、府兵は貧窮者の軍隊となり、衣食も休息もなく逃亡するものがあいついだ。私田の増加は私兵の増加を生んだが、このことが官田を圧迫して、公民の私民化を進行させるという過程をとり、高麗の国家経済は破滅へと追いこまれていったのである。

　高麗滅亡の直前に李成桂は田制の改革を断行し、農荘を没収して官僚層に科田として配分した。科田は田柴科とはちがって私有を許され、科田を耕す佃戸《でんこ》は地位を保証されたかわりに土地にしばりつけられた。李成桂は官僚層の地主的・農奴支配者的な性格を強める方針をとったが、このことは倭寇の行動の根源を断つこととなり、朝鮮王朝建国の基礎となるものであった。

軍備も倭寇の激化にともなって次第に整備された。高麗恭愍王二十二年（一三七三）水軍の設置が提議され、つぎの辛禑王は火薬局を新設して修練にあたらせて水上戦闘と火砲の訓練を行なった。辛禑王六年（一三八〇）に倭寇が鎮浦を襲ったとき、高麗側では兵船に火薬をのせて、これを賊船のなかに突入させ、賊船をすべて焼きはらってしまったという。朝鮮の時代になると、軍備がいっそう充実し、太祖六年（一三九七、応永四）には、「近年は兵船を造営して沿海の防備を固めたので、賊は近づくことができず、居民は土着するようになったが、これは戦艦の功績が最大である」といわれるほどになった。つぎの定宗の時代を経て太宗の時代になると水軍が本格的に整備された。太宗八年（一四〇八、応永十五）には各道の兵船を一八五隻増して総計六一三隻とし、水軍の兵数は五万五〇〇〇人ほどになった。そのうえ烽火の設備、沿海の築城、兵船の改良などにも努力をはらい、倭寇との戦いに功労のあった将軍は優遇され、かわりに失敗した諸将は厳罰に処され、倭寇侵入のときに殺された婦女子は烈婦貞女として賞讃された。

懐柔された投化倭人

外交折衝と軍備の拡充が効果をあらわしはじめたころ、倭寇はみずから墓穴を掘る行動を示しはじめていた。それは朝鮮半島の内陸部への侵寇である。海岸地方が荒しつくされ、そのうえ高麗における租粟の運搬方法が海上運送から陸上運送にきりかえられたため、倭寇はやむなく奥地へと侵入したのであるが、これは沿海における行動と比較するといちじるしく不利であり、全軍壊滅の危険性を常にはらみ、逆に行動は狂暴さを増していった。

最後のあがきともいえる倭寇に対して、朝鮮側が示した懐柔策は大きな成果をあげた。懐柔策の第一は、倭寇の首領に降服帰順をすすめ、降服すれば田地や家財をあたえて優遇し、さらに妻を娶《めと》らせて安住させようという政策である。降服した日本人は投化倭人・降倭・向化倭人などとよばれた。

投化倭人のはやい例は高麗時代の恭愍王十八年（一三六九）にみえるが、投化倭人が急増したのは朝鮮の時代になってからである。太祖五年（一三九六）倭船六〇隻が寧海丑山島で投降したが、首領の疚六《きゆうろく》は朝鮮から宣略将軍の栄職に任じられ、翌年二

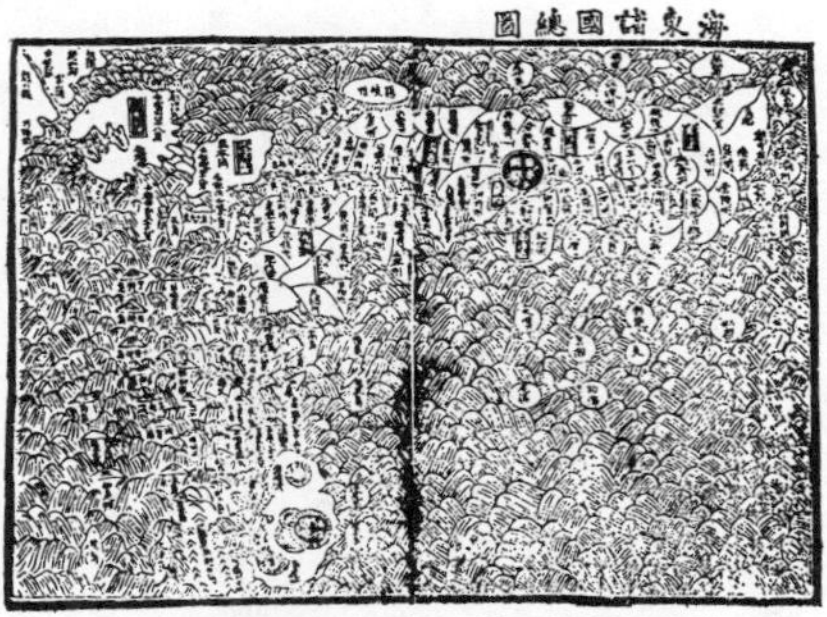

15世紀の日本と琉球（『海東諸国紀』）

月には米三〇石と豆二〇石を、十月には米豆五〇石をあたえられた。このことがあってのち、投化倭人となるものが続々とあらわれた。対馬・壱岐・松浦地方の人が多かったようである。投化倭人のなかには、倭寇の防禦に働くものもあれば、太祖六年に妻子とともに朝鮮に渡った僧原海のように医術の心得があるという理由で長髪させられて典医博士に登用されたものもある。太宗十七年（一四一七）には藤次郎という船匠が造船のことにあずかり、翌年には日本から銅鉄匠が渡航した。船匠とは船大工、銅鉄匠とは銅の採鉱または鋳造の技術者である。太宗七年に対馬から渡った平道全は、員外司宰少監・上護軍などの官にのぼり、日本人との折衝や倭寇の防禦に活躍し、応永の外寇のときには忠清道助戦兵馬使となっている。投化倭人は朝鮮政府の中枢にまで入り、その数は増加する一方であった。しかし、投化倭人はもともと倭寇が転身したものであるから朝鮮側ではこれに対する警戒をつねにおこたらなかった。

投化倭人の集団を一ヵ所にまとめておくことに危険を感じて各州郡に分置したり、沿海ではない山間の僻地に移したりした。これらの投化倭人に対してあたえられた食糧は決して少ない量ではなく、投化倭人の存在は朝鮮の経済を圧迫した。

投化倭人のうち朝鮮の官職を授けられたものは受職《じゆしよく》倭人とよばれ、位階に相当した冠服が支給された。のちには日本に住んだままで、朝鮮から官職を授けられて受職倭人となるものもあらわれた。このような日本居住者は一年に一度冠服を着て告身（辞令書）を持って朝鮮に渡り、接待をうけた。かれらは同時に貿易することを許されていたから、受職は一面では貿易の権利をあたえられることを意味していた。

使送倭人と興利倭人

朝鮮が倭寇に対して示した懐柔政策の第二は通商の許可である。朝鮮側の史料をみていると、倭寇に関する記事が少なくなるにつれて、西日本の諸豪族の使人が頻繁《ひんぱん》に朝鮮に渡航する記事があらわれてくる。最も多いのは対馬の宗氏とその一族であるが、大内氏や今川了俊に代わって九州探題になった渋川氏、肥前松浦党の諸氏、筑前の宗像《むなかた》社、少貳《しように》氏、肥後の菊池氏、薩摩の島津氏・伊集院《いじゆういん》氏・新納《にいろ》氏をはじめとして多くの豪族の名前が記されている。

これらの諸豪族の使人は、朝鮮側から使送倭人・客倭・使送客人などとよばれて接待をうけた。しかし、これらの人は諸豪族の家臣とはかぎらず、前に倭寇であったものだったり、商人であったりした。なかには一人で数氏の使人を兼ねて朝鮮に渡航するものもあった。

朝鮮では、使送倭人の渡航に対して、はじめは制限を加えていなかったので、日本の各地から多数の使送倭人が渡航するようになり、その接待は朝鮮にとって大きな経済的な負担となってきた。太宗十四年（一四一四）に日本人の暴行事件がおこり、朝鮮側はこれを機に使送倭人に対する応待を改めた。すなわち、この年に対馬の宗貞茂の使人三四人、少貳氏の使人三一人、壱岐の使人二〇人、日向州の使人二〇人、合計一〇五人の一行が朝鮮に渡り、蔚山《うるさん》で梵鐘を求めたが、その贈与の遅いのを怒って、抜刀におよんで乱暴をはたらいたのである。朝鮮では、この事件を重視し、以後朝鮮に対して使送船を派遣することができるのは宗氏・大内氏・少貳氏・九州探題などの一〇人に限定することにして、これを対馬の宗貞茂から各地に通告させた。使送倭人の入港地も慶尚道の沿岸各地に限り、世宗時代には富山浦《ふさんぽ》・乃而浦《ないじほ》（薺浦《せいほ》）の二港以外の場所に渡航することを禁止した。

使送倭人とならんで興利倭人が頻繁に渡航した。商倭とか販売倭人という名でもよばれているように商業活動のために渡航した日本人である。朝鮮側では興利倭人を倭寇が変身したものとして意識して処遇した。太宗七年（一四〇七）慶尚道兵馬節制使姜思徳の上書にはつぎのように書いてある。興利倭船が無制限に各港に散泊し、朝鮮の兵船の虚実をうかがっており、危険な状態であるから、慶尚左右道都万戸防禦の所にだけ碇泊することを許し、日本各地の首領から行状（路引・文引ともいわれる、渡航の証明書）を支給させて統制しよう。また興利倭人は投化倭人と連絡して叛乱をおこすおそれがあるから、投化倭人を内陸の遠地に移し、接触させないようにしよう、と。この建策はそのまま採用され、興利倭人は日本居住の首領すなわち対馬・壱岐・九州各地の諸大名から支給する渡航証明書の所持を義務づけられることになった。このころは日本人の渡航者の数はきわめて多く、太宗十四年（一四一四、応永二十一）には「商倭絡繹搔擾之弊《らくえきそうじよう》」といわれた。行状による統制もあまり効果をあげることができず、太宗九年（応永十六）に対馬の宗貞茂の行状を持って渡航した船は、船中に中国からの盗物を積んでいて、朝鮮の官憲から譴責をうけたときには「寇するため来たのではなく、貿易のために来たのだ」と答えている。また太宗十七年の報告では、行状を偽造して朝鮮に渡るものがあり、朝鮮側の防禦が固ければ持ってきた魚塩を民間の米穀と交換するが、防禦が弱ければ虚疎に乗じて寇賊をはたらいたという。

日本人の入港地は、太宗の初年には富山浦と乃而浦に限定されていたが、世宗八年（一四二六、応永三十三）には塩浦《えんぽ》が開港場に加えられて三港になった。この三港は三浦《さんぽ》とよばれ、ここに定住する日本人もあらわれるようになり、かれらは恒居倭人とよばれた。三浦は日本人居留地としての繁栄をみせるようになった。

使送客人と興利倭人が朝鮮から日本にもち帰ったものを史料のなかから拾ってみると、虎皮・豹皮・麻布（布）・黒麻布・細麻布・白苧布《はくちょふ》・紅段子《こうどんす》・絹・席子・満花席・人参・松子・葉柏子・米豆（糙米・黄豆）・焼酒・清酒・蒜・乾柿子・黄栗・銀鐘・銀盂・天鵝・銀魚・衣・鞍で、壱岐・対馬・松浦地方の豪族や少弐氏への回賜品として書きとめられている。

倭寇の転身・分解

高麗から朝鮮にひきつがれた政治折衝と軍備の拡充、倭寇の首領に対する降伏勧告、通商許可、倭寇自身が奥地に深く入りすぎて自滅したことなどの諸要因がかさなって、倭寇は変質・分解を余儀なくされた。その転身の方向は三つあった。第一は投化倭人、第二は使送倭人または興利倭人、第三はもとのままの海賊である。第三の場合も朝鮮半島では行動をやめ、もっぱら中国大陸方面を活動の舞台とした。しかし、このような三方向に截然と分かれたわけではなく、第一のものが第三のものに変じたり第三のものが第二に変ずるようなことは、しばしばあったわけで、三者の区別は現象面の区別にすぎず、内実はそれほど明確に分化したわけではなかった。

2　一四〜一五世紀の倭寇と元・明王朝

倭寇の中国大陸進出

日元貿易

高麗を制圧した蒙古のフビライ＝ハン（世祖）は、高麗人趙彜《ちょうい》のすすめにしたがって、日本に使者を送ることにし、一二六六年（至元三、文永三）に兵部侍郎黒的と礼部侍郎殷弘とを高麗を経て日本にむかわせた。しかし、黒的らは翌年高麗の巨済島まできたりながら、ひきかえして海路の危険を理由にあげて日本と通交するのは困難であるとした。フビライは、それでもさらに黒的らを高麗に送り、前回の国書を日本に送るよう厳命した。高麗では起居舎人潘阜と書状官李挺を任命し、委託された蒙古の国書と高麗の牒状とを両人に持たせて日本にむかわせた。文永五年（一二六八）正月朔日高麗の使者が大宰府に到着した。これが元寇といわれる文永・弘安両役の開幕を告げる序曲であった。この後、日本と蒙古（元）とは戦争に突入し、両国間には公的な外交関係の成立をみることはできなかったのであるが、このような期間にも日本の商船はしばしば元におもむいて中国大陸の文物を日本にとり入れた。元が外国貿易に対して割合寛大な政策をとっていたからである。しかし文永の役ののちには、元では武装商人の発生に対処する防衛の処置がとられ、貿易の事務をつかさどる市舶司の制度にも変遷があり、貿易の統制がきびしくなり、私貿易が禁じられ、出入の内外船舶はすべて元の公拠《こうきょ》（公憑《こうひょう》）という渡航証明書を持たせることを義務づけ、貨物の額に対して課税した。これらの方針は日本船に対してはとくに厳重に行なわれた。のちに明の時代に行なわれた勘合《かんごう》制度の先例になったものである。

　日本から元に渡った貿易船は寺社の造営料を得ることを目的にしたものが多かった。正中二年（一三二五）に入元し翌嘉暦元年に帰朝した建長寺造営料唐船をはじめ、嘉暦三年（一三二八）の関東大仏造営料唐船派遣計画、正慶元年（一三三二）の住吉社造営料唐船、暦応四年（一三四一）の天竜寺造営料唐船、貞治六年（一三六七）の医師但馬《たじま》入道道仙の療病院造営料唐船などは、朝廷の勅許や幕府の許可をうけて計画されたり実行されたものであったが、内容は貿易船であった。有名な天竜寺船は、足利直義が暦応四年夢窓疎石《むそうそせき》に対して天竜寺の造営費を調達する目的で二隻の渡航を免許したものであり、夢窓は至本を綱司（船長）に推し、至本は帰朝後貿易の損益に関係なく五〇〇〇貫文を寺家に納めることを約束して出航したのである。幕府としては、これらの寺社造営料唐船に対して、航海中の警備の責任を負担し、海賊船などの被害から保護した。これらの船が渡ったのは元の英宗の至治二年（一三二二）に慶元（明州、のちの寧波《ニンポー》）の市舶司が復活されたのちの時期であり、公許船は元から一般の船とはちがう特別の待遇をあたえられたようにおもわれる。なお市舶司は提挙市舶司ともいわれ、中国で宋代以後海外貿易・渉外・徴税等の事務をつかさどるためにおいた役所である。

朝鮮で刊行された九州の図（『海東諸国紀』）

　日本と元との通交で見逃すことができないのは禅僧の往来である。一山一寧《いっさんいちねい》・清拙正澄《せいせつしょうちょう》・明極《みんき》楚俊《そしゅん》・竺仙梵僊《じくせんぼんせん》らの中国の名僧が渡来して、日本における禅文化興隆の基礎がきずかれ、日本からは雪村友梅《せっそんゆうばい》・石室善玖《せきしつぜんきゅう》・中巌円月《ちゅうがんえんげつ》らが元に入り、教学の講習につとめるとともに各地の名勝をたずね、見聞をひろめて帰国し、宋・元版の大蔵経や数多くの典籍をもたらした。また京都や鎌倉の五山をはじめ各地の禅院で行なわれた書籍の印刷事業には、元の版木彫刻師が日本にきて協力した。

禅僧が頻繁に往来したことにより中国の禅林の制度や漢詩・漢文をはじめとして儒学・史学・書道・絵画など諸般の学芸が日本に伝えられた。日本における禅文化の発展に武士の保護が大きな役割を果したことはよく知られている。五山・十刹・諸山の制度の輸入も鎌倉・室町の幕府と地方武士とが行なったのである。また中国では禅宗が中国の知識階級であり貴族階級でもあった士大夫《したいふ》階級にむかえられ、その階級すなわち中国の官僚貴族の風俗習慣が禅林の内部に持ちこまれていた。禅僧は多かれ少なかれ貴族的な教養の持ち主であり、このような禅宗を通して日本に流入した中国的教養がのちの東山文化の基礎となった。

兼好法師の『徒然草』には、元の物資は薬種以外は必要ないという記述が見え、『建武式目』にも、唐物已下の珍奇のものを特別に賞翫《しょうがん》してはならないという記事があり、舶来品が氾濫していたありさまをよく伝えている。洞院公賢《とういんきんかた》の『園太暦《えんたいりゃく》』の貞和元年（一三四五）九月の条には、近ごろ咳病《がいびょう》が流行して命をおとすものもあるが、このことは唐船が帰ってきたときからおこったと世俗に言っている、と書いている。

日元貿易では珍奇な物資ばかりでなく伝染病までも輸入されたというわけであるが、貿易船の往来が頻繁であったことは、これによっても理解されよう。

元への倭寇

中国大陸を襲った倭寇は、朝鮮半島を襲った倭寇ほど強烈なものではなかった。元代の史料は内乱などのせいかほとんど残っていないので、はっきりとはわからないのであるが、明代のはじめに倭寇の記事が多くみえるところから逆推すれば、元代にも倭寇の活動は相当さかんであったと考えてよいであろう。

『元史』をみると、元の世祖至元二十九年（一二九二）日本船が四明に入港して貿易を求めたが、船中に武器をかくしていたので、元では何か意図があるのではないかと警戒して都元帥府を立て海防を厳にした、と記されている。これが、元における日本船に対する警戒的態度の初見であるが、弘安の役後一一年目のことであった。ついで成宗の大徳八年（一三〇四、嘉元二）には、定海路に千戸所《せんこしょ》をおき、倭船の防禦にあてた。しかし、大徳十年に慶元にいたった倭商有慶等は金の鎧甲を献じている。武宗の至大二年（一三〇九）には日本商船が慶元を焚掠し、元の官軍は対抗することができなかった。元ではこの対応策として慶元・台州ほか沿岸の軍備を増強した。

これらの一連の日本商人の活動は、広義の倭寇活動にふくめてよいとおもう。従来の諸研究も一様にこれを初期の倭寇とみとめている。けれども、注意すべきことは、高麗忠定王二年（一三五〇）以来朝鮮半島で猛威をふるった倭寇とはかなりちがう点である。相違点の第一は、かれらが行動した場所が慶元付近にかぎられていることである。慶元に市舶司があったから、日本船は通商を目的として慶元に行き、貿易がうまくできないときに掠奪をはたらいたのであって、掠奪だけが目的ならば慶元を襲う必要はなかったのである。第二は、倭船の攻撃目標がもっぱら元の官憲にむけられていることである。これは、通商を求める日本船が、通商条件の不利に対抗したのか、または元政府の官吏の横暴に対して衝突したのであって、攻撃の目標をはじめから米豆や人民の掠奪においていた高麗に対する倭寇とは本質的に異なるところである。第三は、時期の点からみても、元における日本人の行動は、朝鮮半島の倭寇が激化した一三五〇年よりもはるかに以前のことであって、相互に因果の関係をみるのは無理なことである。以上のようなことから、わたくしは慶元における日本人の行動は、倭寇の先駆的な一形態とみることはできるとしても、狭義の倭寇のなかにいれることはできないと判断している。

慶元における日本商船の暴動にくらべると、一四世紀中葉以後中国の山東方面に行動した倭寇には、朝鮮半島の倭寇との関連性を充分に指摘することができる。『元史』の至正二十三年（一三六三）の条に、倭人が蓬州に襲来して、守将劉暹《りゆうせん》がこれを撃破した、十八年以来倭人はしきりに浜海《ひんかい》の郡県に襲来していたが、ここにいたって平和になった、としている。蓬州という地名は広東省にもあるが、ここに書かれているのは山東省の蓬州であろうという後藤秀穂氏の考証がある。ここにみえる日本人の行動は、年代からみても一三五〇年につづく時期であり、浜海の郡県が攻撃の対象とされていて、官憲が対象となっていない点など、慶元の倭商とは様相がちがう。朝鮮半島で行動していた倭寇が、そのまま山東方面に移動していったものと考えて大過ないであろう。後に明代の倭寇としてあらわれるものが朝鮮への倭寇と一心同体のものであったことから考えても、山東の倭寇の実体は容易に想像することができるであろう。

『元史』には、右の記事以外には倭寇に関する記述はほとんどないのであるが、さきにも述べたように、これは記録の不備が原因であって、実際にはかなり多くの倭寇活動があったと考えてよいであろう。

明への倭寇

中国安徽《あんき》省の貧農の子に生まれた朱元璋（一三二八〜九八）が紅巾軍《こうきんぐん》の首領となってから苦しい戦いをつづけ、南京応天府で帝位についたのは一三六八年（応安元）の正月で、国号を大明とし、年号を洪武と定めた。明の太祖洪武帝である。太祖の建国の原理は、儒教主義による中華帝国の再建であった。すなわち「中華の主」は同時に「天下の主」であり、四夷の諸国が中華帝国に朝貢する国際秩序を確立することは、太祖にとってぜひとも実現しなければならない政策の一つであった。倭寇の問題は、この国際秩序確立のためにもまず解決しておかねばならぬ課題であった。『明実録』をみると、太祖の洪武元年からその治世の三一年間は、倭寇の記事の見えない年はほとんどない。太祖治世の前期が最も激しく、つぎに中だるみの時期があり、後期にまた激しくなっている。これを朝鮮半島における倭寇の活動とくらべてみると、朝鮮で激しいときは明は少なく、明で激しいときは朝鮮では少ないという相関の関係がみられる。本体を同じくする集団が時期によって行動する場所をかえていたことの証拠である。中国での舞台は、朝鮮半島に近い山東の沿岸が最もはなはだしく、ついで江蘇・浙江・広東の諸地方におよんでいる。倭寇は沿岸の住民を掠《かす》めたり、官米を襲ったり、高麗で行なったのと同様な行為を明でも行なった。

明が倭寇の行動を封じるためにとった政策は、まず沿岸の防備を充実することであった。太祖は洪武十七年（一三八四、至徳元）湯和に命じて海岸を巡視させ、山東・江蘇・浙江の方面の海に面した地域に五九の城を築き、備倭行都指揮使司をおいた。兵士は人民の四丁から一人をとり、五万八七〇〇人を集めて各地に分駐させた。洪武二十年（一三八七、嘉慶元）には浙江沿海の諸衛所の兵士六万二八五三人に対し各人に鈔《しょう》（紙幣）五錠《じょう》をあたえた。翌年はさらに福建の沿海に五衛指揮使司と一二の千戸所をおいて倭寇に備えた。なお都司や衛所には防備の兵士を配置するだけではなく船舶を準備した。洪武五年（一三七二、応安五）廖永忠は快速船を建造して倭寇防備にあてるよう建言していれられ、同二十三年（一三九〇、明徳元）には沿海の衛所と巡検司はすべて二隻の船を具えて海上の盗賊を巡察するよう命ぜられた。

洪武帝と懐良親王

明では、倭寇に対する警備を厳重にするとともに、外交折衝によって日本を臣属させ、朝貢国にしようとする努力をはじめた。太祖洪武帝は、国内では諸制度の刷新に着手し、諸外国に対しては新王朝の創立を告げて朝貢をうながした。朝貢と頒賜（回賜）とは近代以前のアジアの国際社会においては政治的友好関係を示す儀礼であり、同時に物資交換の貿易でもあった。浙江の寧波《ニンポー》（明州）、福建の泉州、広東の広州は、宋・元時代以来、諸外国から渡航する船を管理する市舶司がおかれていたが、太祖はこれを復活した。

太祖の日本に対する第一回の使者は、洪武元年（一三六八、応安元）十一月に派遣されたが、使者は日本の五島あたりで賊に殺害され、太祖が建国を報じた詔書は水中に没してしまったという。つづいて第二回の使者として楊載の一行が派遣された。かれが日本に持ってきた「賜日本国王璽書」はつぎのようなものであった。

上帝生を好み、不仁なる者をにくむ。さきにわが中国趙宋の馭《ぎよ》を失いしより、北狄《ほくてき》入りてこれに拠り、胡俗を播《ま》き、もって中土に腥羶《せいせん》す。華風競わず。凡百の心あるもの孰《たれ》か憤りをおこさざらん。辛卯より以来、中原擾擾《じようじよう》す。かの倭山東に来寇せしは、胡元の衰に乗ぜしに過ぎざるのみ。朕《ちん》もと中国の旧家にして、前王の辱《はずかしめ》を恥じ、師をおこし、旅を振い、胡番を掃蕩す。宵衣旰食《しよういかんしよく》すること二十年になんなんとす。去歳より以来、北狄を殄絶《てんぜつ》し、もって中国に主たるも、ただ四夷にはいまだ報ぜず。ちかごろ山東来り奏するに、倭兵しばしば海辺に寇し、人の妻子を生離し、物命を損傷すと。故に書を修めて、特に正統のことを報じ、兼ねて倭兵越海の由を諭《さと》す。詔書到れる日、臣たるが如くんば、表を奉じて来庭せよ。臣たらずば、永く境土を安んじて以て天休に応《こた》えよ。かならず寇盗《こうとう》をなすが如くんば、朕まさに舟師に命じて諸島に揚帆せしめ、その徒を捕絶し、直ちにその国に抵《いた》り、その王を縛《ばく》さん。あに天に代りて不仁なる者を伐《う》たざらんや。王これを図《はか》れ。（原漢文）

詔書の文中の辛卯は、一三五一年（元至正十一、日本観応二）で、紅巾《こうきん》の乱（一三五一〜六六、元末におこった宗教的農民反乱）がおこった年、去歳は一三六八年（洪武元、応安元）である。主題は、㈠明の建国を告げ、日本の朝貢を求める。㈡倭寇の害が中国までおよんでいることを告げ、日本国王が上表文を持って明皇帝のもとに入貢することを求める。もし臣属の意志がないなら、倭寇を厳重に取り締まるように求める。㈢さらに倭寇の害がおさまらなければ兵を発して日本を伐つ、の三点である。

楊載らは、九州に上陸し、大宰府にいた南朝の征西将軍懐良《かねよし》親王（明側の史料には良懐と書かれている）のもとに右の詔書を呈した。親王は使節団七人のうち五人を斬り、楊載らを三ヵ月にわたって拘留した。

洪武三年（一三七〇）三度目の使者が来た。元朝の文人趙子昂《ちょうすごう》の孫の山東萊州府同知趙秩である。持ってきた詔書の内容は、前回のものと大差はないが、高麗・安南・

占城《チャンパ》・爪哇《ジャワ》・西洋瑣里（南洋地方）の諸国がすでに天命にしたがって臣を称して入貢したことを述べ、「華夷の分」を強調して、日本国王の入貢を再度うながしたものである。同時に日本の僧侶などで明に捕えられていたもの一五人が送りかえされてきた。征西将軍府はこれに対し、翌洪武四年（一三七一、応安四）に僧祖来ら九人を派遣して馬と方物（土産の物）とを贈り、あわせて倭寇が捕えてきた被虜中国人男女七〇人余りを送還した。『明実録』は、このときの懐良親王の遣使について「ここにいたり、表箋を奉じ、臣を称し、祖来をつかわし、秩（趙秩）にしたがいて入貢す、（中略）よって、良懐に大統暦および文綺紗羅を賜う」（原漢文）と記している。

表箋は表文または単に表ともよばれ、中国の皇帝にあてて諸国の王から出す正式の外交文書であって、外交上最も大きな意味をもっていた。表箋を奉じ、臣を称して入貢したというこの記事が事実であるとするならば、それは明の皇帝が希望した朝貢の必要条件を満たしたのであり、明が大統暦を班示したという行為は、良懐を日本国王として認知したことを示している。大統暦とは明代に用いられた暦で、元統が作製したものであるが、これをうけて用いることは明の年号を用いることであり、日本が明に臣属したことの証明にもなる。これより以後、明側の文献をみると、懐良親王は「国王良懐」とか「日本正君」とかいうよび方で記されている。

足利義満、明との通交に失敗

大統暦を持った仲猷祖闡《ちゅうゆうそせん》と無逸克勤《むいっこくごん》が日本の博多に着いたのは翌洪武五年（一三七二、応安五）五月のことである。しかし、このとき博多の地はすでに今川了俊の支配の下におかれており、明の使節が交渉の対象としていた懐良親王は菊池武光らとともに大宰府の地からしりぞいて高良山《こうら》にたてこもっていた。仲猷らは百余日間にわたり博多の聖福寺に抑留され、この間に日本では南朝と北朝とが対立していることを知り、翌年六月には京都にのぼった。京都では室町幕府と接触したが、その経緯は明らかではない。一行は洪武七年使命を果すことなく明に帰国した。足利義満は、宣聞渓・浄業・喜春らを明使に同行させ、馬と方物とを太祖に献上させたが、太祖は表文がないのを理由にこれを受け入れなかった。おそらく、義満は私的な交渉を希望したのだろうが、それが拒否されたのである。

なお太祖は洪武二年（一三六九）中書省に「祖訓録」を編集させた。それが同六年に一応完成し、同二十八年（一三九五、応永二）には「皇明祖訓」と名を改めて諸侯に頒たれた。そのなかに一五の不征国についての記述がある。すなわち、朝鮮・日本・大琉球・小琉球・安南・真臘・暹羅《シャム》・占城・蘇門答剌《スマトラ》・西洋・爪哇・湓亨・白花・三仏斉・渤泥の諸国は辺僻な地域の小国で、北方蒙古諸族の国家のような征国（征伐すべき国）とはちがい、征伐する値のない国であるというのである。

林賢の事件

漢の高祖が開国ののち、創業の功臣をつぎつぎに殺したのは有名であるが、明の太祖洪武帝が挙兵以来の功臣宿将を無実の罪で多く殺したのは高祖以上であったという。胡惟庸《こいよう》の事件もその一つである。洪武十三年（一三八〇、康暦二）、左丞相胡惟庸が帝位をねらう陰謀をくわだてたという名目で逮捕され、それに共謀したということで連座して籍没・処刑された者は実に一万五〇〇〇人におよんだ。世に胡惟庸の獄とよばれるものである。ところが、この事件に関連して洪武十九年（一三八六、至徳三）になって林賢の事件が発覚した。胡惟庸が事をおこすにあたってまず寧波衛指揮林賢と結び、いつわって林賢の罪を奏して日本に流し、日本の君臣と林賢とを内密に通謀させたというのである。ついで胡惟庸は林賢の職をもとにもどすように奏請し、使を派して林賢を日本からよびかえし、日本の王には内密に書を送って軍兵の援助を要請した。林賢は一足さきに明に帰り、日本の王は僧如瑤に四百余人の兵をさずけて、いつわって入貢させ、巨燭を献じ、そのなかに火薬や刀剣をかくしておいた。しかし、如瑤が明に着いたのは、すでに胡惟庸の陰謀が発覚したあとで、この密計は不発に終わったという。六年も前の事件を掘りかえして、その関係者を罰するというものので、いかにも林賢をおとしいれるための作り話の感じがするが、この事件には日本国王も関係していたということで、太祖は報復措置として、日本と通交を断絶する方針をとった。太祖は沿岸の軍備の充実につとめるとともに海禁《かいきん》の政策を強行して倭寇の猖獗《しょうけつ》に対応することになった。海禁とは、中国人が倭寇を誘致して事件をひきおこすことをおそれて、中国人民が海上にでることを一切禁止した明の国内政策であるが、この政策をとることによって、諸外国と明との通交の道は朝貢一本にしぼられることになったのである。日明国交の開始は成祖永楽帝の時代まで待たねばならなかった。（一一一ページ参照）

足利義満の対明外交開始

伝統にそむいた義満の使節派遣

足利義満は、はやくから明との国交を希望していたが、その希望がかなえられたのは明の太祖洪武帝没後の応永八年（一四〇一）の使節派遣によってである。このとき義満はすでに征夷大将軍の職は子の義持に譲っており、律令官制の最高位にある太政大臣もやめ、薙髪《ていはつ》して法号を道義と称していた。義満が征夷大将軍であったり、太政大臣であったりした段階では、義満はあくまでも天皇の陪臣にしかすぎなかったわけで、四夷の君主として明の皇帝に上表文を送る資格がなかったのである。応永八年の時点では義満は律令体制外の一種の自由人であり、一面からみれば「日本国王」として皇帝からみとめられる資格を獲得していたのである。

瑞渓周鳳の『善隣国宝記』によると、応永の初年、博多商人の肥富《こいつみ》が明から帰って、日明通交の利を義満に語り、これによって義満は使節派遣を決めたという。肥富は、『善隣国宝記』の明暦三年（一六五七）の刊本に「コイツミ」という振り仮名があるところからその訓み方がわかるのであるが、長沼賢海氏はこれを安芸の豪族小早川氏の分族の小泉氏のことではないかとしている。正使には同朋衆《どうぼうしゅう》の祖阿《そあ》（素阿弥《そあみ》）がえらばれ、肥富は副使にされた。同朋衆とは将軍や大名の側近に仕えて芸能や茶事・雑事などをつとめた僧体のものであるが、阿弥号を持つ時宗《じしゅう》のものが多かった。応永八年の遣明船の企画・運営者は、義満といい、肥富・祖阿といい、いずれも公家社会にも武家にも明確には属していない、いわば伝統的な体制の外にいる人物たちであった。

明に送った国書は、公家の東坊城秀長が起草し、世尊寺行俊が清書した。「日本国准三后《じゅさんぐう》道義、書を大明皇帝陛下に上《たてまつ》る」（原漢文）と書きはじめられ、「往古の規法」にしたがって遣使するといい、金一〇〇〇両・馬一〇匹・薄様《うすよう》一〇〇〇帖・扇一〇〇本・屛風三双・鎧一領・筒丸《どうまる》一領・剣一〇腰・刀一柄・硯箱一合・文台一箇を献上し、あわせて海島に漂寄したもの若干人をたずね出して送還する、という内容であった。

　義満が肩書に用いた准三后の称号は特定の官職をさしたものではない。三宮（三后）すなわち太皇太后宮・皇太后宮・皇后宮に准じて優遇するというものである。道義はいうまでもなく、仏門に帰依したものの法号である。このような肩書や法号を使用することは外交文書としては、きわめて異例である。義満側の考えでは天皇の陪臣であることを明側に意識させまいとする配慮からこのような肩書・法号の使用を思いついたのであろう。このような配慮は「往古の規法」にしたがうという表現にもあらわれている。往古の規法とは伝統的な外交慣習という意味に解されるが、日本の伝統的外交慣習では、外交権の行使者は律令政権の主宰者すなわち天皇であって、征夷大将軍が外交の表面に出ることはなかったのである。しかも、わざわざ外交文書に往古の規法にしたがうと明記したのは、義満がすでに日本における外交権の行使者すなわち国政の最高責任者になっていることを皇帝に容認させようとする意図がこめられていたのではないだろうか。

海島に漂寄した者とは、文字通りにとれば中国の漂流民であるが、実際には倭寇が中国沿岸で略奪して捕虜とした中国人のことで、このような倭寇被虜人送還の問題は太祖洪武帝の最初の日本遣使のときから中国側の懸案であったので、義満はこの間の事情を察して被虜人送還が明の皇帝の意にかなう行為であると判断していたのであろう。

義満、日本国王となる

祖阿を正使とする遣明使の一行は、翌応永九年（一四〇二）八月に明使とともに帰国した。義満はわざわざ兵庫まで出むいてこれを迎え、明使の一行を北山第《だい》に招いて引見した。このときの明帝の詔書は建文四年（一四〇二）二月六日という日付のある恵帝（建文帝）のものであった。恵帝は洪武帝の孫であるが、皇太子であった恵帝の父が病死したため洪武帝の没後一六歳で即位し、第二代の皇帝となったのである。恵帝が側近のすすめにしたがって一族諸王の抑圧策をとり、洪武帝の第四子で燕王に封ぜられていた棣《てい》（のちの成祖永楽帝）に帝位を奪われたのはこの年の六月のことであった。

義満のもとにとどけられた恵帝の詔書には「なんじ日本国王源道義、心を王室に存し、愛君の誠をいだき、波濤を踰越して遣使来朝す」（原漢文）という問題の文句と、大統暦を班示して正朔《せいさく》を奉じさせるという文言とがあったのである。これをみた関白の二条満基は、詔書の様式が従来のものとはまったく異なるものであることにおどろき、「これは天下の重事である」と書きつけたほどである。

明使がまだ日本に滞在しているあいだに明では成祖が即位したという報が達せられた。義満はとりあえず、恵帝に対するものと成祖に対するものと二通の表文を作らせ、遣明使が明にいたったときどちらの王が即位していても表文がすぐに呈出できるように用意させ、応永十年（一四〇三）天竜寺の堅中圭密《けんちゅうけいみつ》を正使として、明使とともに朝貢させた。このとき以後、遣明船の正副使には五山の禅僧が任ぜられるようになった。義満が成祖に送った表文には、はじめに「日本国王臣源表す」と書いてあり、成祖の即位を賀して方物を献ずる旨が記してあった。

即位後まもない成祖は、日本使節がはるばる海をこえて来朝したことをよろこんで歓待した。ただちに返書をつくり、趙居任を堅中に同行させて日本にむかわせた。明使の一行は応永十一年に日本に着いた。このとき成祖から義満に対して「日本国王之印」と陽刻した金印が送られてきた。光り輝き、両手でも持ちあげられぬほどの重さであったという。

翌応永十二年(一四〇五、永楽三)にも三〇〇人からなる明使の一行が来た。成祖の勅書は、義満が成祖の命令をよく守って壱岐・対馬等の倭寇の動きを封じ、中国海浜に害をおよぼさなくなったことを賞し、義満の倭寇禁止の努力を高く評価している。義満がこの前年に対馬・壱岐の倭寇の首領二〇人を捕えて明に送ったからである。

応永十三年と応永十四年に来た成祖の勅書にも、倭寇の鎮圧を謝する意味のことが書かれていた。

成祖は義満との交渉によって、太祖以来日本に求めつづけていた二つの要求を二つながら達成することに成功した。一つは日本の統一政権の首長(日本国王)を中国中心の国際秩序——華夷の世界——の一翼に加えること、他の一つは倭寇の禁止である。

義満の死後、応永十六年(一四〇九、永楽七)成祖は周全渝を日本に派遣して鄭重に義満の死を弔い、祭文《さいもん》をささげて恭献王の諡号《しごう》を贈った。

3　一四〜一五世紀の倭寇の終息

応永の外寇

望海堝の戦い

倭寇は、高麗辛禑王朝を最盛期として、朝鮮半島や中国大陸の沿岸で猛威をふるったが、李氏朝鮮の成立後、朝鮮・明・室町幕府等の倭寇対策によって、ようやく落日の過程をたどりはじめた。そして、命脈のまさに尽きようとする倭寇にとって最後の大打撃となったのが望海堝《ぼうかいか》の戦いと応永の外寇とであった。

望海堝の戦いとは、明の永楽十七年（一四一九、応永二十六）六月に三十余隻の日本船団が遼東の望海堝を襲撃して、都督劉江のために破られ、ほとんど全滅に近い痛手をうけた事件である。この年は日本では、すでに足利義満は世を去り、日明の国交は足利義持によって断絶していた時期である。倭寇がうけた損害は諸書によってちが

高麗版大蔵経の版木の一部（韓国・海印寺）

っているが、大体人員一千余人と船十余隻と推定される。こののち、しばらくは倭寇の活動がなかったといわれたほどで、損害が大きかったことがわかろう。

この望海堝の戦いで戦った倭寇の船団の一部とおもわれる日本船五〇隻の船団が、望海堝の戦いより一月まえの五月に朝鮮庇仁県《ひじんけん》都豆音串《ととんかん》に突入して朝鮮の兵船を焼いた。ついで三八隻の日本船が霧暗を利して海州の延平串《えんぺいかん》を襲って、兵粮米四五石《せき》をおどしとった。かれらは「われわれは朝鮮を目的にやってきたのではない。中国にむかうのが真の目的である。ただ、いま粮米が尽きて困っているので、それさえ手に入れることができれば退去する。前日都豆音串で戦ったのもこちらからしかけたわけではない。汝の国人がさきに手を出したので、やむなく応戦したまでである」と語ったという。このころは朝鮮の倭寇対策が成功して、常時は倭寇船団は朝鮮の沿岸を素通りするだけで中国にむかっていたのである。のちに対馬の宗貞盛が朝鮮に送った書状に「都豆音串侵入の賊三〇隻のうち一六隻が戦亡し、一四隻が帰ってきたが、七隻は壱岐の人の船で、七隻は対馬の人の船である」といっているところからみると、庇仁県の倭寇の構成員は対馬・壱岐の人が主体であったのである。

朝鮮軍の対馬攻撃

あたかもこの前年の応永二十五年（一四一八）には朝鮮の方針に協力して倭寇の取り締りに大きな実績をあげた対馬の宗貞茂が死んでいた。子の貞盛があとをついだがまだ年少で、島内の実権は早田《そうだ》左衛門大郎らに帰した。早田左衛門大郎はもともと対馬船越の海賊の首領であり、島内の統制が充分でなく、庇仁県における倭寇の再発をまねいたのであろう。宗貞茂の倭寇取り締りの業績を高く評価していた太宗の失望は大きかった。

太宗は、倭寇が庇仁県に侵入したのをみて、その虚に乗じて、倭寇の本拠地と考えていた対馬を討伐し、賊の帰路を待ちかまえて撃滅するという計画を実行に移した。太宗はすでに譲位して世宗が王位についていたのであるが、大事の裁決権は依然として上王太宗の手に保留されており、軍事はすべて太宗の裁断にまかされていた。世宗は出兵には消極的であったが、事態は太宗の意向通りに進行した。それに倭寇の道を断つために対馬を討つという考えには前例があった。高麗辛禑王のとき朴葳らは戦艦一〇〇隻をもって対馬を撃ち倭船三〇〇隻を焼き被虜男女百余人をつれ帰ったというし、朝鮮の太祖も対馬征伐を計画したことがあった。

応永二十六年（一四一九、世宗元）の五月二十九日、三軍都体察使李従茂は使者を対馬に送って、庇仁県での倭寇の行動を責め、宗貞茂が存命中に倭寇禁止のためにはらった努力を讃え、島内にいる倭寇を捕えて朝鮮に送るように告げさせた。ついで六月になると、太宗は対馬征討の意図を中外に声明した。そのなかには「対馬島は本来朝鮮の領地であるが、遠くへだたっているので、倭奴がここを占拠し、悪事をはたらいている」という意味のことが書かれ、さきには対馬島の飢饉を救い、通商を許したにもかかわらず倭寇は庇仁県を侵した、となじっている。これをみれば、太宗が対馬征伐を決意した背後には、対馬が倭寇の根拠地であるという考えのほかに、対馬は本来朝鮮の領土の一部であるという認識があったことが知られるのである。『東国輿地《とうごくよち》勝覧《しょうらん》』は、一五世紀の末に朝鮮政府の手で作られた地誌であるが、これにも「対馬島は日本国の対馬州であるが、もともとわが雞林（朝鮮をさす）に属していたのである」としているので、一五世紀のはじめころ、朝鮮には対馬を属領とみる考えがあったらしい。しかし、このことはもとより何の根拠もないことであった。

六月十九日、李従茂の船隊が巨済島を発して対馬にむかった。兵船は、京畿一〇隻、忠清道三二隻、全羅道五九隻、慶尚道一二六隻、総計二二七隻、兵員の総数は一万七二八五人という大軍で、六五日分の食糧を携帯した。

六月二十日、兵船のうち十余隻がまず対馬に到着した。対馬の島民は、本島人の帰還と誤解して酒食を用意して待っていたのである。ついで大軍が対馬中央部にある浅《あ》茅《そう》湾に殺到し、土寄崎に停泊したので、島民は抗戦するものわずかに五十余人、他は逃走した。朝鮮軍はかねて朝鮮に降伏していた投化倭人を島主宗貞盛のもとに送り、書を呈したが返事はなかった。朝鮮軍は島内を捜索して、大小一二九の船を奪い、使用可能のもの二十余隻を残して他を焼きはらった。また民家一九三九戸を焼き、一〇四の首級をあげ、二一人を捕虜にし、畑の作物を刈りとった。さらに中国人で倭寇に捕えられていた被虜人一三一人を獲得した。諸将がこれに質問したところ、対馬島内は飢饉がひどく、富者でも一〜二斗の食糧しか貯蔵していないという返答を得た。ここで朝鮮軍は船越に柵を築いて、日本人が往来する道をふさぎ、長期滞陣の姿勢を示した。

二十六日、李従茂は土寄崎から浅茅湾内深くすすみ、仁位郡に入り、三軍を分けて上陸させた。ところが、左節制使朴実らの軍は対馬の伏兵の邀撃《ようげき》にあって敗北し、有力な武将が戦死した。戦闘で死んだり、崖から落ちて死んだ将兵数は百数十人におよんだという。右軍節制使李順蒙と兵馬使金孝誠も日本軍の迎撃をうけ、力戦してこれをしりぞけたが中軍はついに上陸することができなかった。この戦闘を対馬では糠獄《ぬかだけ》戦争とよび、後年対馬で編纂した『対州編年略』には、このときの日本側の戦死者は一二三、朝鮮側の損害は二千五百余人におよんだと記している。いずれにしてもかなりの激戦が展開されたのである。

宗貞盛は朝鮮軍が長く島内にとどまることをおそれて、撤兵を要求して修好を求め、とくに七月中は風変があるから早期に兵を撤したほうが朝鮮軍にとっても安全であるむねを申し送った。李従茂はこの申し出にしたがい七月三日に全軍をひきいて巨済島に帰航した。このとき朝鮮軍は多くの日本人を捕虜としてつれ帰った。さきには倭寇が捕えた被虜朝鮮人の送還問題が日朝間の重要課題であったが、これ以後は被虜日本人の帰還が両国間の課題として残されることになったのである。

李従茂が朝鮮に帰ったのと同じ時期に、さきに庇仁県を襲って明にむかった倭寇船団三十余隻が帰ってきて、途中黄海道小青島の海岸に出没した。これをみた朝鮮では対馬再征の計画がもちあがったが、船艦の損耗がひどく、遠征軍の士卒の士気はすでに衰え、実行は不可能であった。

京都の風説

京都方面では、不思議なことに、朝鮮軍対馬来襲の一ヵ月も前からあわただしい風聞が流れていた。伏見宮貞成《さだふさ》親王の『看聞御記《かんもんぎょき》』によって、京都の動静を記してみよう。五月二十三日の条に「大唐・南蛮・高麗等が日本に攻めてくるという情報が高麗（朝鮮）からはいり、室町殿（幕府）は仰天しているが、日本は神国であるから何ごとかあろうか」と記している。六月二十五日条には大唐蜂起の情報があったとし、出雲大社が震動して血が流れ、西宮《にしのみや》の荒戎宮《あらえびす》が震動し、また軍兵数十騎が広田社から東方にむかったが、そのなかに女の騎馬武者があり大将のようであったのを神人が見、そのために発狂したとか、若宮八幡の鳥居が風も吹かぬのに顚倒し、将軍が参籠《さんろう》中にサ、ヤキ橋がうちくだけたとか、数々の奇怪な風説を記したのちに、諸門跡《もんぜき》・諸寺に祈禱が命ぜられたとしている。二十九日条にも、北野御霊《ごりょう》が西をさして飛び、御殿の戸がひらいており、諸社の怪異に驚いたとし、また唐人が襲来し、先陣の船一〜二艘とすでに合戦におよび、大内氏の若党二人が大将となって海上へ出撃したが、それ以前に神軍に奇瑞があったという注進があった、としている。七月二十日になると別の風説が流れた。唐人はすでに薩摩の地に来着し、国人と合戦になり双方に戦死者がでた。唐人のなかには鬼形の者があり、人力で攻めるのは困難であり、また、海上に浮ぶ異賊は八万余隻であるという報告が大内方にあったが、九州探題からの注進はまだとどいていない、というのである。ついで八月十一日条には「唐人の襲来は六月二十六日のこと、対馬で少弐・大友・菊池の諸氏が戦い、異賊を打ち負かし、大将軍二人を生け捕りにした。大風が吹き唐船は多く破損して海に沈んだ。唐船はおよそ二万五〇〇〇隻で、生け捕りにした大将は兵庫に来た。去六日に九州探題から注進状がとどき、天下大慶である。末代ながら神慮のいたり、不思議なことである」とし、十三日条には六日についたという七月十五日付の探題持範注進状なるものを掲げている。それには「畏《おそ》れながら申しあげる。六月二十日に蒙古・高麗の連合軍が対馬島に押し寄せて、同島を占領した。少弐氏の軍勢は時をうつさず日夜合戦におよんだが、敵味方の戦死者が多く、難儀したので、九ヵ国の軍勢を催してこれにあたり、異国の軍兵三千七百余人を斬り捨てた。敵の軍船は千三百余隻あったが、神変がおこり、雷がとどろき、霰《あられ》が降り、寒さに手がこごえ、水死するものが数えきれぬほどであった。敵の大将とおもわれる人は女人で、力が強く、蒙古の船に乗り移って軍兵三百余人を海中に投げ入れた。大将以下のものは斬り捨てたが、残りの七人は上京させる。七月二日に敵船はすべて退散した。神明の威力である」という意味のことが書かれている。さきに述べた朝鮮軍の実際の行動とは大きな相違があるが、風説・流言というものは大体このような傾向をもつもので、蒙古襲来の恐怖の後遺症はこの時代にも強く残っていたのである。

宋希璟の渡来

応永の外寇の直後の応永二十六年（一四一九）七月十七日に、朝鮮の上王太宗は兵曹判書趙末生から対馬島主都都熊丸《つつくまる》（宗貞盛）に書を送らせ、「このような情況がつづけば対馬島民は死をまつばかりであるから、全島民をあげて朝鮮の地に移住させ、降伏せよ。そのかわりに島主には朝鮮国王から官職をさずけ、島民の生活は安定させよう」と伝えさせた。これに対する宗貞盛の返事は、使者に対して口頭で伝えられたが、朝鮮側の記録では「対馬を朝鮮の属州とし、巨済島を対馬島民の居処としてあたえられ、印章をうけることができるならば命にしたがう」というものであった。この返事をうけた朝鮮では、貞盛に対し、対馬島を朝鮮の慶尚道の管下にいれ、貞盛には「都都熊丸」の印章をあたえること、以後対馬の人が朝鮮に渡るときは宗氏の書契《しょけい》を所持するようにと通告した。こうして、朝鮮側の記録でみるかぎりでは、応永の外寇の戦後処理は一応決着したように書かれているが、実際にはほとんどの問題が未解決のままに残されていたのである。

同年十一月に無涯亮倪《むがいりようげい》らが日本国王（足利将軍）の使僧としては数年ぶりに朝鮮に渡った。亮倪らは、九州探題渋川満頼の使者とともに、さきの庇仁県都豆音串の事件のときに捕虜にした朝鮮人と対馬島の戦いで捕虜となった朝鮮人をつれて、仏教の経典を求めることを名目として渡航した。この渡航により、応永の外寇ののち対馬と朝鮮との折衝の過程でこれまで知られていなかった一面が明らかにされた。応永の外寇のとき、朝鮮では在留日本人のうち対馬の人だけを拘留し、九州の人は酒食をあたえて日本に送還した。渋川満頼は、こうした朝鮮の態度の真意に不審をいだき、博多の僧宗金を京都に送って室町幕府の朝鮮に対する意向をさぐらせようとした。ところが、この時期には、すでに述べたように京都には少弐氏から探題持範の注進状という報告がとどいていた。幕府でもこの事件の真相を解明する必要を感じ、無涯亮倪を正使とし、陳外郎《ちんういろう》の子平方吉久を副使として朝鮮に行かせることにしたのである。

無涯らは十二月十七日、朝鮮王に将軍足利義持の書契をすすめたが、その文中に「日本国王」の称号が使用されていなかったことは朝鮮側の注目をひいた。朝鮮では一行の帰国に回礼使宋希《そうき》璟《けい》を同行させて、日本国内の動静をさぐらせることにした。宋希璟は無涯とともに翌応永二十七年二月に対馬島に着いたが、ここで、はやくも応永の外寇の戦後処理がまったくできていなかったことを知らされた。当時対馬島内における実力者は、幼い島主宗貞盛よりも、むしろ倭寇の首魁《しゆかい》として有名だった早田左衛門大郎である。宋希璟は早田氏から、対馬が慶尚道に属すという朝鮮側の主張について抗議をうけ、もしもこのことが少弐氏に伝えられるようなことがあれば、少弐氏は戦争に訴えてでも争うであろうと聞かされた。さきに口頭でなされた宗貞盛の回答はまったく根拠のないものとされたのである。

宋希璟の一行が、京都に入ったのは応永二十七年四月であるが、ここでも冷遇にあった。足利義持は少弐氏の注進をそのまま信じて怨んでいたらしいのである。しかし宋希璟と幕府との折衝は割合円滑にすすんだ。通事《つうじ》の明人魏天《ぎてん》や博多の宗金などの努力が大きかった。一行は渡来の目的を達して十月にはソウルに帰着することができた。

朝鮮使節の室町幕府観

宋希璟に従って通事として来日した尹仁甫の復命は、以後の朝鮮の対日政策決定のための重要な情報となった。尹仁甫はまず足利義持が明・朝鮮連合軍来襲の報道を信じ、朝鮮に対しては警戒的であったことを記し、幕府については「日本の国は国家の倉庫がなく、ただ富豪に財政を支持させている。国王（足利将軍）の命令は京都の周辺におよんでいるだけで、国土はみな諸大名に分けられている」としている。このの ち朝鮮では、足利将軍のことを日本国王とよびながらも、統一政権の代表者として日本通交の主対象とはしていない。むしろ実力者としての守護大名の統制力と、通交管理者としての対馬の宗氏とに期待する政策をうちだしたのである。朝鮮にとって、日本との交渉は、倭寇の禁止をともなうものでなければ意味がなかったから、日本国内の情勢分析の結果、将軍だけを相手にしていたのでは倭寇禁止の実はあげられないことを知ったのである。

尹仁甫の渡来から一〇年おくれて来日した通信使朴瑞生も幕府については大体同様な認識をもった。「御所（将軍）と修好することは交隣の道ではあるが、倭寇の禁止にはあまり役に立たない。今後朝鮮としては、やむをえない報聘《ほうへい》の場合のほかは遣使する必要はない。大内氏や宗氏などを厚く遇し、その心をよろこばせるほうが禁賊のためには有効である」と復命報告の一部に書いている。

宋希璟の日本渡航は一応の成果をおさめ、朝鮮側に日本国内の実情が正確に伝えられたという点では意義があったが、応永の外寇後の処理は一向に進展することはなかった。この後も彼我の折衝は遅々としてすすまなかったが、応永二十九年（一四二二）に対馬征伐の中心人物だった太宗が死に、政治の実権が親日政策を推進しようとする世宗に移り、朝鮮と対馬とのあいだには新しい平和な通交関係が生まれたのである。

被虜朝鮮人の送還と琉球

朝鮮半島と琉球

琉球の使者がはじめて朝鮮半島をおとずれたのは高麗の辛昌王元年（一三八九、日本元中六・康応元、明洪武二十二）である。『高麗史』には、琉球の中山王が玉之を使者として、表文を奉じ、倭賊に捕えられた高麗人を帰し、硫黄三〇〇斤・蘇木《そぼく》六〇〇斤・胡椒三〇〇斤と甲《かぶと》二〇を献上した、と記している。

このころ沖縄本島には山北《さんぼく》・中山《ちゆうざん》・山南《さんなん》の三王が分立して勢を競い、それぞれ明に朝貢使を送っていた。中山王は沖縄本島中部の那覇《なは》・泊《とまり》・浦添《うらぞえ》・中城《なかぐすく》・具志川《ぐしかわ》・読谷《ゆんたん》山《ざ》・勝連《かつれん》・南風原《はえばる》等の地域を支配して最も勢力があった。とくに那覇は国際港の観を呈していたらしく、日本からの船もここに多く立ちより、倭寇に捕えられた高麗の被虜人も転売されたにちがいない。那覇が倭寇の活動圏の一部であったことは容易に理解されよう。献上品のうちの蘇木と胡椒とは南海産の物資である。明の洪武帝が海禁政策をとったために、中国を経由する南海物資の動きがとまり、琉球にとって広大な海外活動の舞台が提供されることになったのである。硫黄と甲（兜）とは日本産のものであったかもしれない。倭寇の活動圏と琉球人の活動圏とが接触し、それが複合的に朝鮮半島をもつつみこむかたちに拡大したのである。

高麗では、金允原《きんいんげん》らを報聘使として琉球に送ったが、翌年允原らの帰国にあたって琉球ではふたたび玉之を高麗に送り、高麗人を送還した。

李氏の朝鮮が成立すると、太祖即位の二ヵ月後の一三九二年（元中九・明徳三、洪武二十五）九月には、はやくも中山王察度の使者が朝鮮に渡って、倭寇による被虜人男女八人を送還し、太祖三年（一三九四）には察度と世子武寧《ぶねい》とが礼物を朝鮮に送り、男女一二人を送還し、朝鮮に逃亡していた山南王子承察度の送還を要請した。ついで太祖六年には中山王察度の名で被虜の朝鮮人と遭風の朝鮮人九人が送還され、翌年には山南王が朝鮮に亡命した。

偽琉球使の朝鮮渡航

琉球では、中山王察度のつぎに、子の武寧があとをつぎ、明の皇帝から中山王に封ぜられた。ところが一四〇五年（応永十二、永楽三）になると佐敷按司尚巴志《さしきあじしょうはし》が武寧王をうち破って父の尚思紹を王位につけた。尚巴志はその後山北を伐って、自身王位につき、一四二二年（応永二十九）には山南をも滅ぼして三山の統一に成功した。

尚巴志王統が成立してから、琉球と南方諸国との貿易がにわかに活発になった。それは察度王統時代をはるかにしのぐものであった。尚巴志は従来交渉のあった暹羅《シャム》のほか遠く三仏斉《シュリービジャ》（スマトラ島の東南部）や爪哇《ジャワ》に貿易船を送ったが、これにつづく尚氏の諸王は満剌加《マラッカ》・蘇門答剌《スマトラ》（スマトラ島の西北部）・巡達《スンダ》（ジャワ島の西北部）・仏太泥《パタニ》（タイの一部）・安南（ベトナム）など東南アジアの各地に貿易船を送り琉球船の行動圏をひろげていった。

朝鮮の世宗の時代になると、琉球と朝鮮との関係に転機が生まれた。一四二三年（応永三十、世宗五）正月に、琉球国使と称して朝鮮国王に土物（土産の物）を献じたものがあったが、書契や印章が琉球のものではないという理由で、しりぞけられた事件があった。琉球使者を偽称して朝鮮に入る人物が登場したのである。これより二年ほど前に、琉球船が朝鮮に渡航しようとして対馬島の賊に襲われたという事件があったことから考えて、偽琉球使は対馬人か倭寇の一味のものではなかったかと考えられる。

こののち、琉球と朝鮮との関係はおもに日本商人あるいは倭寇を仲介として行なわれるようになったが、朝鮮・九州・琉球の交通線上に活躍した人物に金源珍と対馬の早田六郎次郎および博多の僧道安という人物がいた。

金源珍の被虜人送還

金源珍は日本人であるとも朝鮮人であるともいわれるが、はっきりしない。朝鮮の記録にはじめて名前があらわれるのは一四二三年（世宗五、応永三十）で、かれは日本の肥州太守源省の使者として朝鮮に渡ったように書かれている。朝鮮ではかれのすすめによって日向・大隅・薩摩の守護島津久豊に送る書を金源珍に託し、倭寇によって捕虜となった朝鮮人で日本で転売されているものの送還を要求させた。この要請にしたがって久豊は男五人・女四人の被虜人を金源珍に渡し、金源珍はこれをともなって朝鮮に行き、褒賞をうけた。島津氏は、このころ外国との貿易をさかんにして守護大名としての地歩を固めようと努力していたので、金源珍への対応はその一環として行なわれたものと考えられる。一方金源珍も島津氏領内の港湾を足場にして琉球方面への飛躍を考えていたのである。

一四二九年（永享元）琉球国人包毛加羅ら一五人が朝鮮に漂着したが、このとき朝鮮ではその琉球送還を島津貴久に依頼した。島津氏と琉球とのあいだに密接な関係があることが朝鮮をおとずれた日本人の口から朝鮮の官憲に伝えられ、それが常識となっていたからであろう。翌年には金源珍が倭通事として琉球から朝鮮に帰り、長吏梁回の書をもたらしており、一四三五年（永享七）には、朝鮮にいた琉球船匠吾夫沙豆というものが金源珍の船を利用して琉球に帰還している。このときの金源珍は肥州太守源義の使人という名義であった。一四三七年（永享九）にも金源珍は琉球に行き朝鮮人六名をつれ帰った。金源珍が朝鮮・肥前・薩摩・琉球を結ぶ貿易線上で広範な活躍をしていたことは明らかである。

対馬の六郎次郎

一四三一年（永享三）九月、朝鮮の乃而浦に琉球国客人が来泊して、朝鮮ではその接待が問題になったが、その月に対馬の六郎次郎から朝鮮の礼曹にあてた書状がとどけられていた。それには「自分は去年対馬島主宗貞盛の命をうけて琉球国に渡ったが、兵乱にあって帰ることができないので、ともかく代人を派遣する」としてあった。十一月になって朝鮮国王世宗は琉球国使夏礼久《かにく》・副使宜普《ぎぶ》結制《うつち》と船主らを勤政殿で引見した。使節が奉じた中山王尚巴志の咨文には「使節はたまたま琉球に来ていた対馬客商の来船一隻に搭乗させる」という意味の言葉があり、また使節夏礼久の世宗に対する答えのなかには、「わが琉球国は祖王・父王のころから朝鮮とは交好の礼を修めてきたが、その後倭人に邪魔されて絶えてしまった。かねてから従前どおり修交しようとのぞんでいたのだが便宜がなかった。そこに去年六月対馬賊首六郎次郎の商船が琉球に来たので、これに便乗して朝鮮に来ることができた。貴国（朝鮮）の人で倭寇に捕えられた被虜人で琉球に在住しているものは百余人もいる。全部つれて来たいのだが、船が狭く、風の便もわるいのでつれてくることができない」という文言があった。中山王の咨文に書かれた対馬客商が夏礼久の答えのなかの六郎次郎であることは明らかで、正使らとともに引見を許された船主というのも六郎次郎のことであろう。六郎次郎は、応永の外寇の後に朝鮮の回礼使宋希璟を応待した対馬島内の実力者早田左衛門大郎の子であるが、賊首と書かれているところからみると、琉球でも六郎次郎を倭寇の首魁として認識していたのである。六郎次郎は琉球国王使一行の朝鮮滞在中は行動をともにし、一行を琉球まで送還した。一四三三年（永享五）には、朝鮮から琉球国の船匠の送還を依頼され、米豆五〇石を支給された。

博多の道安と琉球地図

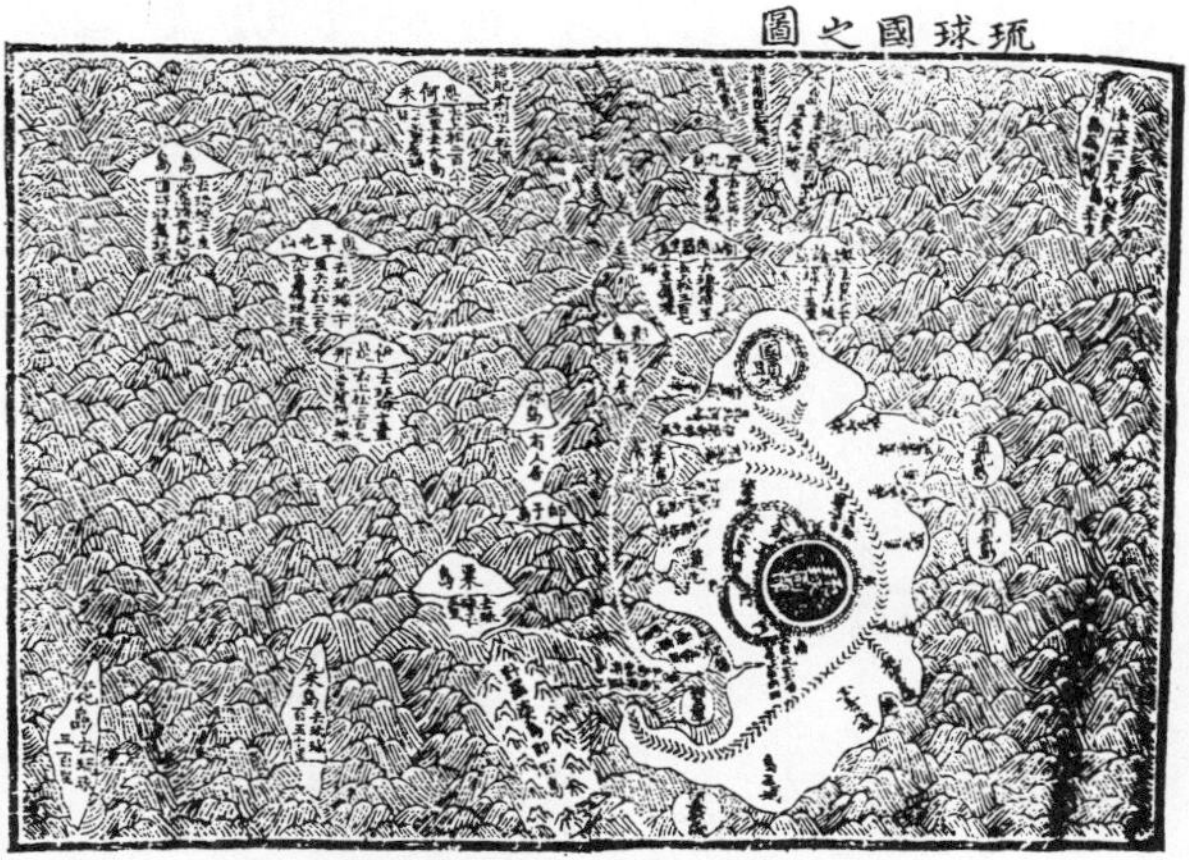

琉球国の図（『海東諸国紀』）

博多の道安は大友氏配下の僧であるが、一四五三年（享徳二）、琉球の使者と称し、漂流朝鮮人をともなって朝鮮に渡航した。ところが、朝鮮では使者一行の氏名が日本名であることから疑問をもち、詮議した。その結果日本人にちがいないことが明らかとなり、一行は琉球使者としての待遇を下げられて、一般の日本人同様に接待された。ただこののち、道安は「日本琉球両国地図模画」四点を進献したが、これはのち文明三年（一四七一）に申叔《しんしゅく》舟《しゅう》が編纂した『海東諸国紀』に掲げられている「日本本国之図」や「琉球国之図」のもとになったものと推定される。「琉球国之図」は現存最古の琉球地図で、琉球国都・国頭城・雲見泊(運天港)など詳細な記載がある。

一四五五年(康正元)、道安は琉球王尚泰久の書契をもって朝鮮に入り、大蔵経の支給をねがいでた。琉球はこのころ仏教の勃興期で、高麗版の大蔵経に対する要求は切実なものがあったのである。ついで一四五七年(長禄元)にも道安は琉球国使として土物を朝鮮王に献じ、済州人等の漂流民を送還した。一四五九年(長禄三)道安は朝鮮に対し、朝鮮から琉球に送った綿布・紬布・書契を対馬で奪われてしまったと報告し、朝鮮ではこのことを対馬の宗成職《そうしげもと》に詰問した。成職はその風説は根拠がないと弁明している。道安が礼物を着服してしまったのか、言葉通りに対馬島で災害にあったのかは明らかではない。

博多商人が好んで琉球国王の使人となったり、あるいは琉球国王使を偽称したりして朝鮮に渡ったのは、国王使の待遇が一商人のそれよりもはるかによかっただけでなく、船に積んだ貨物の交易条件もよかったからである。朝鮮に渡航する船は、銅・硫黄・刀剣などの日本産のものとともに、蘇木・象牙・胡椒などの南海産の中継物資を多量に朝鮮にもちこんだのである。

このようにみてくると、琉球から北にむかってのびた貿易発展線は、九州において島津氏・博多商人・対馬商人らの手で一度カットされ、そこからリレーされて朝鮮や本土の国内市場へとむすばれていった事情が明らかにできるであろう。博多は、那覇とならんで東アジア国際貿易の市場だったのである。これらの通交貿易圏拡大の背後に倭寇の存在と、倭寇に捕えられた人たちの悲惨な人生とがあったことを忘れることはできない。

平和的通交の展開

遣明船と堺商人

遣明船は、応永八年（一四〇一）から天文十六年（一五四七）にいたる約一五〇年のあいだに一九回派遣された。

遣明船は建て前からいえば日本国王（足利将軍）が明の皇帝に表文と貢物とをささげる朝貢船であった。応永八年（一四〇一）の足利義満による第一回の遣明船から応永十七年（一四一〇）の第八回遣明船までは、すべての使船は幕府の経営する船であった。ところが、第九回の遣明船団には幕府船のほかに有力な守護大名や寺社が経営する船が参加した。すなわち、永享四年（一四三二）に日本から明にむかった船団は五隻の編成で、一号公方船（幕府）、二号相国寺船、三号山名船、四号十三人寄合《よりあい》

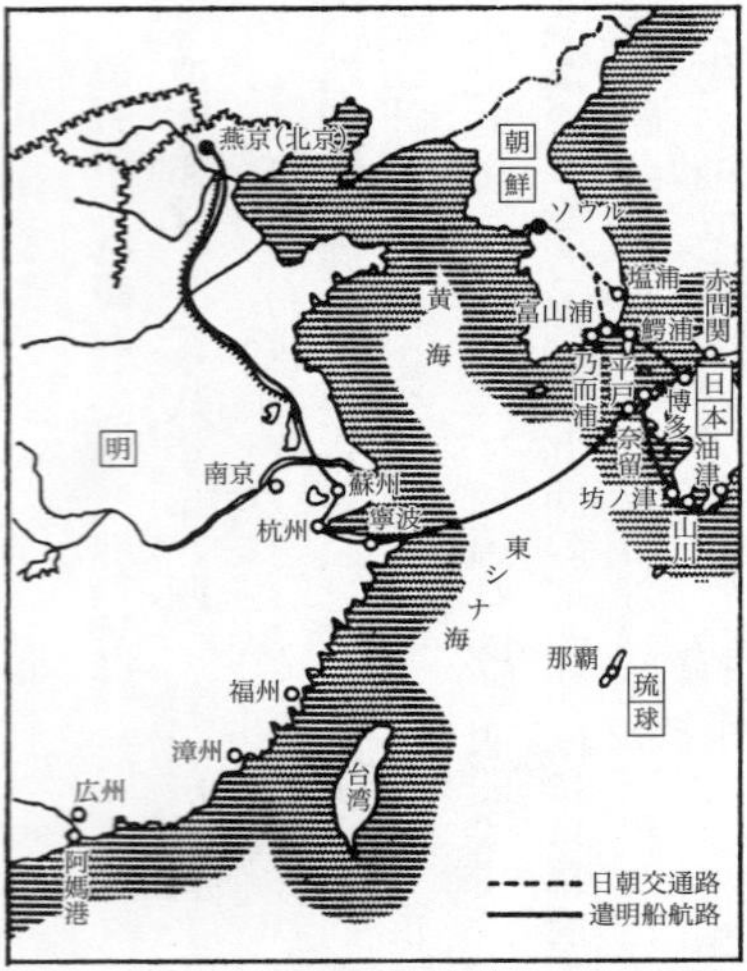

日明・日朝交通図

船、五号三十三間堂船からなっていた。このうち四号船は、三宝院・聖護院《しょうごいん》・大乗院・善法寺・三条家・青蓮院《しょうれんいん》・田中（石清水《いわしみず》社）・武衛（斯波《しば》氏）、畠山（満《みつ》家《いえ》）・讃州（細川満久）・細川（持之）・一色《いっしき》・赤松の一三氏が共同で出資し経営した寄合船であった。つぎの第一〇回目の遣明船にも幕府船のほか相国寺・大乗院・山名・三十三間堂の船が加わった。この船団は永享六年（一四三四）に渡航し、同八年に帰国した。

第一一回の船団は、宝徳三年（一四五一）に明にむかったが、一〇隻からなる空前の大船団で、一号天竜寺、二号伊勢法楽舎、三号天竜寺、四号九州探題（博多聖福寺造営船）、五号島津氏、六号大友氏、七号大内氏、八号大和多武峰《とうのみね》（長谷寺も加わる）、九号天竜寺、一〇号伊勢法楽舎という編成であった。ただし五号船は実際には渡航しなかった。莫大な貨物を積載し、一二〇〇人からなる一行のうち北京に上ることを許されたのは三百余人だけであった。これ以後明では遣明船に対する政策が消極的となり、一二回目以後の遣明船はおおむね一〇年間隔で一回に三隻で渡っている。

第一二回目の船団は、幕府船・細川船・大内船の三隻で、寛正六年（一四六五）に渡航し、文明元年（一四六九）の夏に明の寧波を発して帰国の途についた。この時期は日本国内では応仁・文明の大乱の最中で、遣明船の帰港地として従来使用されていた兵庫が大内氏におさえられ、瀬戸内海もまた大内氏の勢力下にあった。そのため幕府船と細川船とは大内氏の勢力圏を避けて、九州の南端から土佐沖を迂回して堺に入港した。この入港を契機として堺商人は遣明船と深いかかわりをもつようになった。

第一三回目の遣明船には堺商人が積極的に参加した。堺商人の湯川宣阿はまえもって納入金を幕府に納めて遣明船派遣の請負《うけお》いを行なった。堺を発した船団は、大内氏の勢力圏をさけて、四国南岸・九州南岸を経て五島に行き、そこから東シナ海をわたって入明した。

以後、遣明船の派遣には細川氏と大内氏、堺商人と博多商人がからんで対立をつづけた。

大乗院船と農民一揆

奈良興福寺の一乗院と大乗院とは、代々摂関家の子弟が門跡《もんぜき》として入り、興福寺の別当となるものが多く、諸院・諸坊を支配して勢威をふるっていた。ここには『大乗院寺社雑事記』をはじめ多数の「大乗院文書」が伝えられ、中世史研究の宝庫となっている。これらのなかの『大乗院日記目録』の永享六年（一四三四）十一月十一日の条をみると、「渡唐反銭」のことで、大乗院領四八ヵ所の土民が蜂起した、と書いてある。反銭《たんせん》（段銭）は田畑の段別に応じて臨時に賦課する税銭であるから、「渡唐反銭」とは遣明船（渡唐船）を経営するための費用調達を目的として農民に課した臨時の税であることが明らかである。いうまでもなく第一〇回目の遣明船に大乗院の船が参加したことによっておこった事件であった。

渡唐反銭によって土民が蜂起した、すなわち一揆がおこったというのであるから、税銭が農民にとってきわめて苛酷なものであったことは容易に想像できる。もともと、大乗院領は一乗院領とともに門跡領の大部分を占めており、一三〜一四世紀の院領は、根本領と門跡兼帯の所領を合わせて大和の国内だけで三〇〇余の荘園にのぼり、田積は一七七七町におよんでいた。四八ヵ所の農民が蜂起したというが、段銭が課せられたのが四八ヵ所だけだったのか、段銭が課せられても農民一揆がおこらなかった荘園があったのかは明らかではない。ともかく、ここで問題にしたいのは、四八カ所の農民がいのちがけで抵抗しなければならないほどの巨額な段銭の賦課が遣明船の派遣のためには必要とされていたという事実である。

遣明船の利益

大乗院領の段銭の額がどれくらいのものであったかは明らかにすることができないが、遣明船の派遣には一体どれほどの費用が必要だったのか考えてみよう。まず船舶の調達の問題である。遣明船の場合は、遣唐船のときのように海外派遣船を新造することはせずに、瀬戸内海水運に使用されている民間の船舶を借りあげて、それを遣明船にあてることが普通に行なわれた。安芸《あき》の高崎で船を調達した記録が残っているが一八〇〇貫文ほどかかっている。それに積荷が一五〇〇貫文ほど、勘合を得るために幕府におさめる礼銭は最低でも三〇〇貫文くらいが必要であった。ほかに雑費もいる。このような額は、当時の経済状態からみると、決して少ない額ではない。これらの費用の捻出には有力な寺社といえども苦慮することが多かった。まず他家からの借用、つぎは搭乗する商人に割りあてて取り立てる、そして最後に所領の農民に段銭を賦課したのである。

遣明船には、このような工面の見かえりに余るほどの利益があった。遣明船に乗って二度も明に渡った楠葉《くすば》西忍《さいにん》の言によると、明で一斤二五〇文で入手した唐糸を持ち帰ると日本では二〇倍の五貫文になり、日本で一駄一〇貫文の銅が明では四〇〜五〇貫文に売ることができたという。遣明船の利益を数字で明確に示すのは困難だが、いろいろな史料から考えると、少なくとも一船で一万貫文くらいの純利益にはなったのではなかろうか。

日明間の貿易品

卜部兼好の『徒然草』の第一二〇段をみると、

唐の物は、薬の外は、なくとも事かくまじ。書《ふみ》どもは、此の国におほくひろまりぬれば、かきもうつしてん。もろこし舟のたやすからぬ道に、無用の物どものみ取りつみて、所せく渡しもてくる、いとおろかなり。

とある。兼好が生きたのは一四世紀のころである。舶来品は貴重なものだが、薬種以外は不必要だ、無用のものを危険をおかして持ってくるのは愚かなことだ、といいきっている。しかし、外国からもたらされるものは、兼好が言うように不急不用のものばかりだったわけではない。

おなじ『徒然草』の第一〇八段には、

寸陰をしむ人なし。これよくしれるか、おろかなるか。おろかにしておこたる人のためにいはば、一銭軽しといへども、是をかさぬれば、まづしき人をとめる人となす。されば商人の一銭ををしむ心切なり。刹那覚えずといへども、これをはこびてやまざれば、命を終ふる期《ご》忽にいたる。

とある。蓄銭の例をひいて寸暇をおしむべきことを述べたものであるが、「商人の一銭ををしむ心切なり」とは、銭貨の流通がさかんな時代相の一面にもふれた記述である。日本では、ふるく皇朝十二銭の鋳造があったが、交換経済が未発達で、ほとんど流通しなかった。ところが平安時代の末頃には経済の発達が貨幣を必要とするようになった。しかし、当時の日本国内には統一の通貨がなく、中国から輸入した宋銭によって流通経済が行なわれる事態がおこった。銭貨の流通は、舶来珍奇な織物や高価な薬種のように貴族社会にだけ関係があったのではなく、一般の国民の生活ともふかいかかわりを持ったのであり、銭貨を日本にもたらす外国貿易は民衆の生活とも無縁のものではなくなっていたのである。明からは、洪武銭・永楽銭などの明代の銅銭のほかに宋代の銅銭も多く輸入され、日本国内において標準通貨の役割を果したのである。

銅銭についで重要な輸入品は、唐糸とよばれた生糸と絹織物とである。中国の道士の古着や女房の古衣装など、中国ではかえりみられない絹織物も日本では歓迎された。ほかに兼好が言った薬種や書籍・書画なども貴族社会や寺社にうけいれられた。

日本から明に輸出したものは、硫黄や銅などの鉱産物、刀剣・武器類や扇子《せんす》などの工芸品が主であった。とくに刀剣の輸出量は莫大で、寛正六年（一四六五）には三万余本、文明十五年（一四八三）には三万七千余本が記録されている。刀剣の大量輸出は大量生産による粗製濫造をまねき、はじめは一刀一〇貫文したものが、のちには一貫文に下落してしまった。ほかに琉球を中継して日本に入った南海産の蘇木なども重要な明への輸出品のひとつであった。

日朝間の貿易品

倭寇が鎮静してから、日本の通交貿易者は頻繁に朝鮮をおとずれた。なかには刀を一本だけ持って朝鮮に渡り、貿易を求めるものもいた。朝鮮では、これに対し何回にもわたって制限を強化したり、緩和したりする措置で対応した。文明三年（一四七一）に朝鮮人申叔舟《しんしゆくしゆう》の撰した『海東諸国紀』によってみると、毎年朝鮮に船を送って通交貿易のできる歳遣船定約者は、対馬島主の宗氏が最大で五〇隻、それについで宗氏一族のものの七隻・四隻・三隻などの特例があり、一般は毎年一～二隻を派遣するものが一四名、一隻だけ派遣するのを許されたものが二七名記されている。これに準ずるのが受職倭人とよばれるもの二十余人で、朝鮮国王から官職をあたえられており、毎年一回朝鮮に渡ることができた。以上は定期的に通交できるもので、ほかに、宗氏の紹介によって渡航するもの、国王（足利将軍）や有力大名の使船、宗氏が特別の情報を知らせるために臨時にだす特送船などがあった。

朝鮮からの輸入品のなかで最も重要なのは織物類で、朝鮮特産の苧布《ちよふ》・麻布（正布）や綿紬（絹織物）および木綿布である。とくに木綿布は嘉吉三年（一四四三）以後は輸入織物の中心となり、文明七年（一四七五）には二万七二〇八匹、翌文明八年には三万七四二一匹の大量が輸入された。近世初期になれば日本国内の各地で木綿の生産が普及するが、それ以前は朝鮮の木綿布が日本人の衣料の最大の供給源であった。

朝鮮からの輸入品で、つぎに注目すべきものは仏教の経典と仏具とである。朝鮮半島では高麗の時代は仏教がさかんであったが、李氏の朝鮮にかわると太祖はソウルに成均館・五部学堂をおき、地方に郷校を建てて儒教を奨励し、従来国教のような地位にあった仏教は圧迫されるようになった。これに対して、日本の室町時代は禅宗が幕府の庇護によって隆盛をきわめており、朝鮮の経典や仏具が日本に流入する好条件がそろっていた。高麗版大蔵経は、六千数百巻におよぶ大部のもので、高麗高宗の時代に蒙古の難をはらうために一六年の歳月をかけ国家の総力をあげて彫造したものであったが、朝鮮の仏教軽視の政策にともなって鎮護国家の象徴としての価値が失われ、朝鮮の大国らしさを示す格好の輸出品に転じたのである。康応元年（一三八九）から天文八年（一五三九）までの一五〇年間に、日本から朝鮮に大蔵経を求めること八三回、四三部の大蔵経が渡来した。

足利義持などは、約八万六〇〇〇枚一七万余面におよぶ大蔵経の版木までも要求したが、さすがにこれはかなえられなかった。この版木は現在韓国慶尚南道の海印寺の経板庫に鄭重に保存され、韓国の国宝に指定されている。また琉球でも大蔵経を熱望して朝鮮から輸入した。日本各地の寺院には現在でも朝鮮鐘を伝えるところが多いが、これらの梵鐘には室町時代に朝鮮から輸入されたものが多い。

日本から朝鮮に輸出したものは、国内産の銅や硫黄などの鉱産物、太刀・扇子などの工芸品、染料・香料・薬材、陶器などの南海や明の物資である。琉球から日本に入り、それが朝鮮に中継輸出される物資も少なくなかった。

倭寇の後遺症

倭寇が一応活動を停止していた時期にも、その疵《きず》あとはなお深く残されていた。倭寇によって捕虜とされ苦悩にみちた生涯を送った人物に張徳廉という明人の僧がいる。かれは応永二十九年（一四二二）頃、賊（倭寇）に捕えられて日本につれてこられ、平戸《ひらど》や対馬に居住し、ついで博多にいたって、仁人《じんじん》によって賊から買いとられ、出家して京都にたどりつき、法語の草案書きのような雑業をしながら帰国の機会をまち、ついに永享六年（一四三四）にいたって遣明使の船に便乗することを許されて帰国することができた。張徳廉は比較的履歴のよくわかった人物であるが、このように被虜人となって日本につれてこられた人物はほかにも数多くいたのである。

相国寺の瑞渓周鳳の日記の寛正五年（一四六四）三月二十三日の条にはさらにかなしいつぎのような話が書き残されている。すなわち、出雲の海賊が大明を侵し、二人の小児をとらえてきた。兄は七歳、弟は六歳であるとし、両人が作った詩を掲げてい

る。兄のは、

異国さらに青眼の友なし、
空江ただ白鷗の群を看る、
秋風涙を洒《そそ》ぐ、三千里、
吹き満つ西山日暮の雲、

弟のは、

烟水微茫として帰路（欠字）
滄波万里他郷に在り、
人と語らんと欲すれども語音別なり、
終日無音、夕陽を送る、

というものである。瑞渓も「日本では八十翁でも言い得ない」として、異国の小童のさびしさに同情している。

謡曲「唐船《とうせん》」に書かれた中国被虜人についてもふれておこう。この謡曲の大要は、つぎのようなものである。あるとき中国の寧波で中国船と日本の海賊船が争い、中国船一隻が捕えられて日本にもち帰られた。それに乗りこんでいた祖慶官人は、筑前の箱崎殿のもとで使役され、牛馬を飼わされて一三年がすぎた。その間日本の婦人と結婚して二人の子供ができ、一しょに牛馬を飼って生計をたてていた。そこへ突然中国に残しておいたそんし・そいうという二人の兄弟が数多の宝物を持参して日本まで父を探しにくるのである。祖慶官人は日本の子供と中国の子供との両者の恩愛の情にはさまれて苦悩するが、箱崎殿のはからいで日本の子供も連れてともに明に帰国することを許される、という筋である。

このような物語りが謡曲におさめられたのは、中国の被虜人が日本で農業労働者として使役されることがめずらしくなかったこと、また被虜人の身柄を買いもどすために中国からはるばる来訪する者が存在した事実を想像させるのである。

堺の海会《かいえ》寺《じ》の季弘大叔《きこうたいしゆく》は、文明十八年（一四八六）七月に明から帰朝したばかりの薬屋五郎次郎の来訪をうけ、舶載の北絹《ほっけん》一端と大茶碗皿二〇個を贈られた。このときの言葉の金子《きんし》西《さい》の談話。「中国には儞的《ニチ》強盗《キャントー》人という言葉がある。人をののしるときの言葉で、日本の強盗という意味である」と。倭寇が中国人のあいだに残したわるい印象をまざまざとみせつけられるような挿話である。

4　一六世紀の倭寇の胎動

倭寇発生の温床

明の海禁政策

中国では、古来中華思想にもとづいて、外国との通交は朝貢とそれに対する頒賜（回賜）とを建て前にしていた。明王朝は異民族の元王朝を倒して成立した王朝であるため、この古来の国際的秩序はとくに堅持する方針をとった。

朝貢形式による朝貢船すなわち諸外国の国王の派遣船とそれにつきしたがう船団を受け入れる機関として、明では広州（広東）・泉州（福建）・寧波（浙江）をひらき、その地に市舶司を置いて外国船に関する事務をあつかわせた。朝貢船団によって中国にはこばれた物資は、ほとんどすべてが中国上流階級の需要品か軍備のために必要な資材であった。明政府は、これらの物資の購入を独占し、一般の商人にはわずかに、政府購入以外の分について政府の監督下で交易することを許可したにすぎなかった。

明朝の外国貿易をささえた一本の柱が朝貢船の制度であったとすれば、他の一本の柱は海禁の制度であった。海禁とは中国人が海上に出て外国人と接触することを禁じたもので、この政策は元末すでに一時的に行なわれたことがあった。明では建国者の太祖洪武帝のときから施行され、祖法として恒久化し、約二〇〇年にわたって存続した。明建国の当初に張士誠や方国珍などの徒が江蘇・浙江の沿岸地方で威勢をふるい、その討伐後も残党が沿海の海島に拠って行動したので、無頼の民衆がこれに呼応通謀するおそれがあった。海禁はそれを禁止するのが最初の目的であったが、倭寇の取り締りもその目的のひとつにふくまれていた。朝貢船貿易の制度が外国に対する政策なのに対し、海禁はあくまでも中国の人民を対象にした国内政策であった。この二つの政策は表裏の関係をなし、海賊団の横行を防止するための治安策であるとともに、政府の外国貿易独占を維持する財政政策でもあった。

朝貢船貿易の制度と海禁政策との影響を最も大きくうけたのは中国沿海諸地域の商人である。商品流通経済がかなりすすんだ段階で、このような政策を強行することは、はじめから無理なことであった。明初以来二〇〇年間の海禁の時代に、公許を得ない私貿易すなわち密貿易が執拗にくりかえされていた事実がなによりの証拠といえよう。一五〜一六世紀になると、貿易の主流はすでに朝貢船貿易ではなく密貿易に移ってしまったといってもよい状態となったのである。

太祖が海禁令をはじめて出したのは洪武四年（一三七一、応安四）のころであるが、洪武二十七年、同三十年、宣徳八年（一四三三、永享五）、正統十四年（一四四九、宝徳元）、景泰三年（一四五二、享徳元）等にもかさねて出されている。このように数次にわたって海禁令が出ていることは、中国人で海外に出て活動するものが少なくなかったことを逆に証明するものである。違反した者には極刑が科せられたが、下海者は一向に減少せず、むしろ増加の一路をたどった。明代の初期の海禁は「下海通蕃」の禁止、すなわち外国人との交易が禁止されただけであったが、中期になると「寸板も下海を許さず」という言葉がつねに用いられるようになり、中国人同士が海上で交易をすることまで禁止された。広東の船が福建に行って交易してもいけないというわけである。また公許を得ずに物資を海上で交易したものは罰杖一〇〇、軍器・人口等の禁物を持ち出したものは死罪絞、そのとき国情を外国にもらしたりすれば死罪斬、二本マスト以上の大船を作って密貿易をし、海賊を集めたり、嚮導したりすれば極刑というものであった。この海禁の政策は、明代以後の東アジアでは一種の対外政策の模範とされた観があり、清初の遷界令《せんかいれい》や日本の長崎における閉鎖的通商許可などと種々の点で類似を指摘することができる。

海禁を無視して洋上に船を出し、海上で密貿易を行なったのは福建・広東・浙江などの諸地方の塩商人と米商人を中心とする商人群である。これらの地方の住民の生計は漁業や沿海航路による物資の中継運搬で維持され、歴史的にみても南方や東シナ海への門戸としての港湾が数多くあり、海上活動は住民にとって欠くことのできない生活手段であった。とくに福建省などは、海上生活に依存する住民の比率が全人口の九割にもおよんだといわれていた。

郷紳の動向

沿海住民の海上活動の背後に郷紳《きょうしん》や富豪の存在があったことは見すごせない。郷紳とは、現職および退職した官僚をその出身の郷里でよんだ名称であるが、ここで問題になるのは一度中央や地方の官僚となったものが、休暇をとったり、退職したりして郷里に帰って住んでいた郷紳である。とくに明の中期以後の傾向として、他郷の任地で商業資本と結合して厖大な財産をたくわえた官僚は、任地にそのまま寄留してしまうものもあったが、在任中に得た財産を持って郷里に帰り、郷里の所有地を拡大して郷党の大地主となるものが多かった。かれら郷紳の郷党における政治的・社会的発言権はしだいに大きくなり、地方官はその地方の郷紳を無視して政治を行なうことはできなくなった。郷紳は禁止されていた大船を造り、特権商人たる牙行《がこう》に貨物を集積させ、取り締りの官司には賄賂《わいろ》をおくって密貿易にのりだしたのである。これらの海外貿易のために密航をはかるものは、海禁令を破った犯罪者として奸商・海盗・海寇などとよばれて官憲の取り締りの対象となった。そこで密貿易者群も対抗上武装集団と化し、また海賊集団とも結んで官憲に対立するようになった。やがてこの地方には、ヨーロッパ船の北上や遣明勘合船の廃止にともなう日本人の参加があり、東シナ海を舞台とした大倭寇発生の条件はここに充分にととのえられたのである。

寧波の乱

遣明船による通交貿易は大永三年（一五二三、嘉靖二）に転機を迎えた。細川氏と大内氏のあいだにおける遣明船派遣の主導権争奪が極点に達したのである。永正十六年（一五一九）ころ大内氏の遣明船派遣計画が具体化するとともに細川氏の派遣計画も熟した。第一七回目の遣明船である。大内氏は三隻を豊前《ぶぜん》池永で艤装し、正徳新勘合の一・二・三号をあたえ、謙道宗設《けんどうそうせつ》・月渚永乗《げっしょえいじょう》をそれぞれ正副使として渡航させ、かれらの船は大永三年（一五二三）四月に寧波に到着した。一方、細川氏は幕府に強請して、すでに無効になっているはずの弘治の旧勘合を獲得し、鸞岡瑞佐《らんこうずいさ》を正使とし、明人宋素卿《そうそけい》をつけ、南海路によって渡航させた。細川船が寧波に着いたのは大内船到着の数日後のことであった。しかし、宋素卿はいちはやくたちまわって市舶司に賄賂を贈り、大内船よりもさきに細川船の貨物を陸揚げして東庫の点検をすませ、嘉賓館での席次も細川船の鸞岡を大内船の宗設の上位におかせるようにしてしまった。これに憤激した宗設らは五月一日東庫から武器を持ち出して鸞岡を殺し、宋素卿らの船を焼き、素卿を追って紹興の城下にいたったが捕えることができず、沿道で放火乱暴し、指揮袁璡《えんしん》を捕え、船を奪って出帆した。都指揮劉錦は海上までこれを追いかけたが戦没した。

この事件ののち素卿は明で獄死し、浙江の各官の不正汚職が指弾され、嘉靖八年(一五二九、享禄二)浙江市舶太監が廃止された。以後、明では遣明船の入港に関する規制を厳重にし、遣明船の派遣は大内氏の独占下に行なわれたが、やがて大内氏の没落によって、天文十六年(一五四七、嘉靖二十六)の第一九回目の遣明船を最後に終末を告げたのである。このころには中国人の密航がさかんになり、中国東南沿海地を中心に国際的な密貿易が展開されるようになり、遣明船の復活はみられなかった。遣明船は中国物資獲得の唯一の手段ではなくなっていたのである。

ヨーロッパ船のアジア進出

東方への道

日本の存在がヨーロッパ人から注目されるようになったのは、一般にイタリア人マルコ＝ポーロの『東方見聞録』が世に出てからのことであるといわれている。この書物は、正確には「世界の記述」と訳されるべきもので、一二九八年にポーロがジェノヴァで捕えられていたときの同囚のルスチケロがポーロの見聞を筆録したものである。日本に関する記事は、日本人は色白で慇懃《いんぎん》で優雅な偶像教徒であるとか、人肉を食する風があるとか述べているほかに、莫大な量の黄金が産することを特筆している。君主の宮殿の屋根は全部純金で葺《ふ》いてあるとか、床は指二本の厚みの純金が敷きつめてあるとか、真珠ほかの多くの宝物を産するなどとも書いている。

ヨーロッパには、ギリシアやローマの時代の記録にすでに金銀島のことが見えているけれども、ポーロによって伝えられた東方に財宝の島があるという話も、大航海時代開幕の伏線の一つになったにちがいない。ポーロの話は、一五世紀の前半にはすでにポルトガルにもとどいていたのである。

一方、アジアとヨーロッパとを結んだきずなの一つに胡椒などのインドや東南アジアで産出した香料類があったことを忘れてはならない。一一世紀の末に十字軍の運動によってヨーロッパと西アジアとの交易の道がひらかれると、香料のほかにインド産の綿布や中国産の生糸・絹織物が多量にヨーロッパにもたらされるようになった。とくに胡椒は肉類を常食とするヨーロッパ人にとっては必要不可欠なもので、調味料や貯蔵剤として大きな需要があった。胡椒は、はじめアラビア商人からイタリア商人に中継されてヨーロッパの市場に入っていたが、一四世紀以降オスマントルコ帝国が東西貿易を独占して重税を課したので、ヨーロッパではトルコを経ないで直接にアジアの産地からその産物を輸入しようという気運がうごきはじめた。

アラビア人と地中海の交易権を争っていたポルトガル人とスペイン人とは、イベリア半島で新しい王国を形成し、やがてアジア進出の先兵となった。ポルトガル人のなかには、アフリカの奥地にキリスト教徒の住むところがあると信じるものがあり、これと手をにぎって北アフリカを占拠しているイスラム教徒を討とうという計画がおこり、それにともなってアフリカ探検を推進しようとする機運がおこった。ポルトガル王子エンリケはキリスト教布教に対する情熱から探検隊の行動を支援した。一五世紀になり、アフリカ沿岸の探検がすすみ、莫大な砂金の存在が知られ、黒人奴隷の利用価値が注目されるようになると、こんどは経済的な欲求が探検の動機になった。一四八六年（文明十八）バルトロメウ＝ディアスはジョアン二世の命をうけてアフリカ西岸を南下し、ついに喜望峰に達した。

その一二年後の一四九八年（明応七）にバスコ＝ダ＝ガマの船隊は喜望峰を通過してインドをめざし、カリカットに到達した。このことは、アダム＝スミスによればアメリカ大陸の発見とともに、人類の歴史に記録された最も偉大で最も重要な事件であり、ポルトガル人のアジア進出の序曲であった。翌年九月、胡椒と肉桂とを大量に積んだガマの船隊がリスボンに帰着し、エンリケ航海王子以来のポルトガルの夢は実現の見通しがついたのである。ガマの冒険航海の目的は、もともとキリスト教徒の王の発見と香料の獲得とであったが、このことがポルトガル人のこれ以後の東方進出の形態を制約した。すなわちポルトガル人の東洋貿易の性格は、地中海商業の延長としての香料貿易の段階にとどまり、その東方帝国は植民地の形成をともなわず、すでにふるくからあったアジア人によるインド洋貿易網の要所を、少人数ではあるが優勢な火器の威力で統禦する形の「商業帝国」に終始したのである。

アルブケルケの東方帝国形成

ガマの後継者としてインド洋航路を確保したのは一五〇五年に初代インド総督（インド副王）となったアルメイダであったが、ポルトガルの東方帝国形成に最も貢献したのは二代総督となったアルブケルケである。かれは一五一〇年（永正七）インド西岸のゴアを占領して東方帝国の拠点とし、一五一一年には進んでマラッカ海峡をおさえた。マラッカは、一五世紀の初頭に成立した東南アジア最初のイスラム国家で、中国に朝貢し、東アジアにおける貿易活動の要所として、またヨーロッパとアジアとを結ぶ接点として繁栄していたところであり、この地をポルトガル人が占有したことの意義は大きかった。アルブケルケは、一五一三年には香料諸島に進出してモルッカのテルナーテ商館を建設し、一五一五年にはアラビア海から東地中海に抜ける航路に位置するペルシア湾頭のオルムズ島をおさえた。アルブケルケの方式は、東西を結ぶ貿易路にいくつかの戦略上の地点をおさえて要塞化するもので、これまでの東西交通がおおむね数地域の間の往復に限られていたのにくらべると、貿易路の全体を把握しようとする画期的な方法であった。

香料の産地であるモルッカ諸島の確保は、香料貿易の独占を意図して東進をつづけたポルトガル人にとっては最終目標だったはずだが、この地においてポルトガル人はアジアにおける諸勢力の通商の実態を知り、また中国商人や琉球商人と接触し、ポルトガル人のアジア認識は大きな変更をせまられることになった。ポルトガル人は北東にむかう新しい進路を見出したのである。

琉球人と接したトメ＝ピレス

ポルトガルが中国に派遣した初めての大使はトメ＝ピレスである。かれは一五一一年（永正八）にインドに、一五一二年にはマラッカに着き、一五一五年にマラッカを離れたが、その間の見聞を『東方諸国記』としてまとめている。構成は六部にわかれ、第四部が「シナからボルネオにいたる諸国」で、シナ・日本・琉球・ボルネオ・ルソンの地理をはじめ政治情勢や貿易の実態について生彩あふれる叙述をしている。とくに興味をそそられるのは琉球人に関する記事である。

レケオ（琉球）人はゴーレスと呼ばれる。かれらはこれらの名前のどちらかで知られているが、レキオ（レケオに同じ）人というのが主な名前である。（『大航海時代叢書』の訳文による、以下同じ）

ゴーレスという呼び名は『アルブケルケ書翰集』『アルブケルケ伝』などに見えたところから、明治・大正・昭和を通じて学界の問題となり、日本人・高麗人・琉球人・薩摩人・五島の人・台湾人等をあてる諸説があらわれたが、現在では琉球人とする説に落着いている。

『東方諸国記』の琉球に関する記事をさらに引用しよう。一六世紀初頭のマラッカ国際市場における中国・日本・琉球の関係が明確に記されている。

国王はシナの国王の臣下で、〔彼に〕朝貢している。(中略) かれらはシナとマラカで取引を行なう。しばしばかれらはシナ人といっしょに取引をし、またしばしば自分自身でシナのフォケン〔福建〕の港で取引をする。それはシナ本土にあり、カントンに近く、そこから一昼夜の航海のところにある。マラヨ人はマラカの人々に対し、ポルトガル人とレキオ人との間には何の相違もないが、ポルトガル人は婦人を買い、レキオ人はそれをしないだけであると語っている。

レキオ人は、かれらの土地には小麦と米と独特の酒と肉とを持っているだけである。魚はたいへん豊富である。かれらは立派な指物師《さしものし》であり具足師である。かれらは金箔を置いた筥やたいへん贅沢で精巧な扇、刀剣、かれらの独特のあらゆる種類のたくさんの武器を製造する。われわれの諸王国でミラン〔ミラノ〕について語るように、シナ人やその他のすべての国民はレキオ人について語る。かれらは正直な人間で、奴隷を買わないし、たとえ全世界とひきかえでも自分たちの同胞を売るようなことはしない。かれらはこれについては死を賭ける。（中略）かれらは色の白い人々で、シナ人よりも良い服装をしており、気位が高い。かれらはシナに渡航して、マラカからシナへ来た商品を持ち帰る。かれらはジャンポン〔日本〕へ赴く。それは海路七、八日の航程のところにある島である。かれらはそこでこの島にある黄金と銅とを商品と交換に買い入れる。レキオ人は自分の商品を自由に掛け売りする。そして代金を受け取る際に、もし人々がかれらを欺いたとしたら、かれらは剣を手にして代金を取り立てる。

『東方諸国記』にはジャンポン島（日本）についての記事もあるが、その量は琉球に関する記事の五分の一にも足りない。この頃はポルトガル人にとって日本はまだ未知の世界であり、その動向には関心が少なかったせいであろう。

ポルトガル船の中国進出

一五一四年（永正十一、正徳九）、マラッカを拠点とするポルトガル人の中国貿易はジョルジ＝アルバレス船隊の派遣によってはじまった。一五一七年には、フェルナン＝ペレス＝デ＝アンドラーデの船隊が八月に広州近くの屯門に入港し、中国官憲の指示でやがて広州に入城することができた。ポルトガル船を中国側で朝貢船とみなしたからであろう。『東方諸国記』の著者トメ＝ピレスはこの一行のなかに加わっており、北京訪問の目的で広州に滞留し、ペレスはマラッカに帰った。一五一九年四月になってペレスの弟のシマン＝デ＝アンドラーデの船隊が広州に到着したが、このときトメ＝ピレスはまだ北京に行くことができずに広州にとどまっていた。このことを知って、アンドラーデは誇りを傷つけられたとして中国側に種々の強迫を行なったらしい。かれは、ポルトガル人がこれまで各地でやってきたように屯門に石造の要塞を構築し、銃砲をもっておどし、奴隷を売買したり、絞首台を作って船員を処刑したりした。かれのこれらの行状は中国官憲の心情をさかなでするものであり、トメ＝ピレスはそのために不利な立場に追いこまれた。一五二〇年にピレスの一行はようやく北京に行くことができたが、皇帝との接見は許されなかった。翌年には空しく広州に帰り、投獄されてしまったのである。

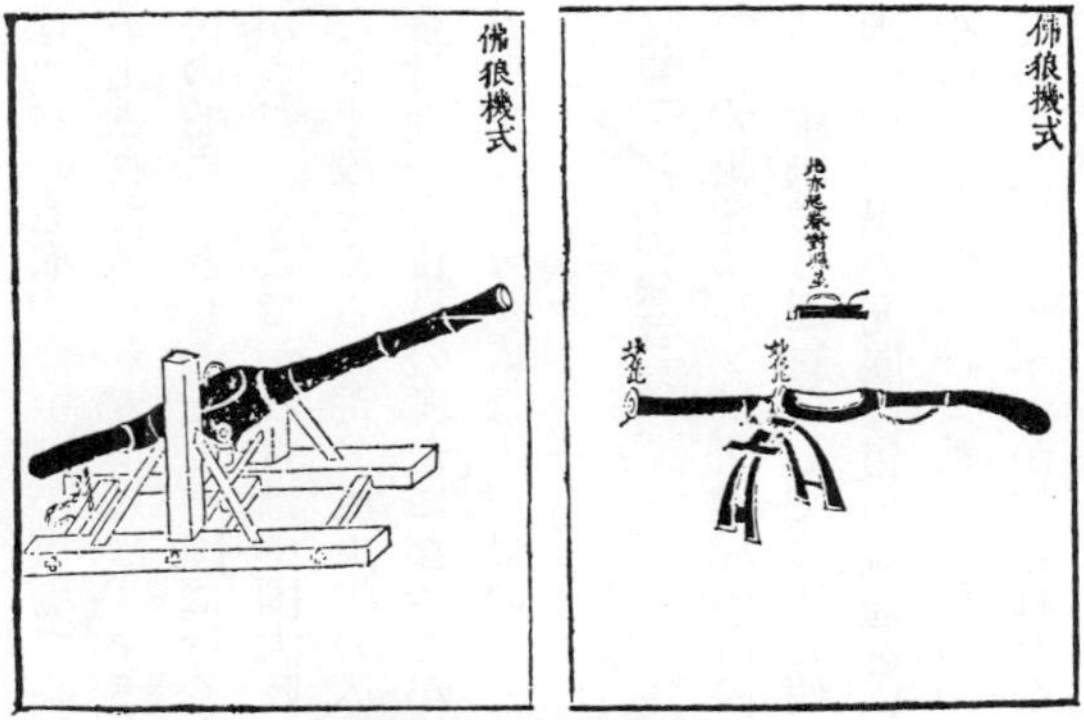

仏狼機砲（『籌海図編』）

マルチン＝アフォンソ＝デ＝メーロ＝コウチーニョは、一五二一年ポルトガルのリスボンを発して東洋にむかい、翌年七月マラッカを出て八月に屯門に到達したが、その前年までに広州を中心におこっていたポルトガルと中国側との争いについてはまったく知らなかった。中国側ではコウチーニョ船隊の来航を「仏狼機《フランキ》国人」の来寇とみて、翌年には戦いをいどみ、四二人を生捕り、三五人を殺した。この事件以後、ポルトガル人は中国沿岸における正式貿易行為を禁止され、倭寇と同類とみなされるようになった。

明の中央政府の意向で、ポルトガル人の中国貿易は禁止されたが、明の沿岸住民はポルトガル人との貿易をひそかに希望した。中国の絹織物や生糸は、インドの市場では有利に取引される商品だったし、ポルトガル人が中国にもたらす東南アジア産の香料やヨーロッパの毛織物は中国の市場で高価に買いとられる商品だったからである。広州を閉め出されたポルトガル人は、マラッカの地で中国商人と取引したり、東南アジアの国民の船にまぎれこんで中国に行く方法をとったが、いずれもさしたる利益にはならなかった。そこでかれらは中国大陸の沿岸を北上し、直接中国沿海の住民と密貿易を行なう手段をえらんだ。広東省の広州近海の上川島、福建省の漳州と泉州、浙江省の寧波付近が密貿易の舞台になったが、とくに寧波に近い雙嶼《そうしょ》は密貿易の中心市場となった。ポルトガル人は上川島のことをタマウ、雙嶼のことをリャンポーとよんだ。

東アジアの銀貿易

一六世紀の東アジア地域の国際貿易を考えるとき見すごせない問題に銀のことがある。中国では通貨としての銀の使用は宋の時代からさかんになっていたが、明代の中国国内市場の発展は銀の流通をいっそう助長した。明の貨幣には秤量《しょうりょう》貨幣としての銀のほか銅銭や鈔《しょう》（紙幣）があったが銀が最も重視された。明代の初期は銀産が豊富で銀の流通に拍車がかけられたが、中期以後は銀産が減少したのにもかかわらず銀の使用は拡大した。当然のこととして中国市場では銀が欠乏した。明では銀一両が銅銭七五〇文ほどであったが、当時の日本では銀の通貨としての使用はほとんどなく、銀一両を銅銭に替えても二五〇文にしかならなかった。日本の銀を中国の銅銭と交換することは日中両国の商人双方に大きな利益をもたらしたのである。またヨーロッパ船のアジア市場参加によってポルトガルやスペインの銀が多量に流入した。密貿易を行なう場合、日本人はその代価のすべてを銀で支払ったということである。

また朝鮮の記録によると、一五四〇年ころから忠清・全羅など朝鮮半島南西部の島々に明船の漂着するものが多かったことを記し、これらの明船は日本に貿易するために来たものが漂流したのであって、ほとんどが福建船だったとしている。明人は朝鮮側の取調べに対し、日本の銀を購入するために密航したと答えている。日本銀に対する中国の需要はきわめて大きかったのである。

雙嶼の密貿易

国際貿易基地の誕生

海禁政策の強行とポルトガル船のアジア進出とは一六世紀の倭寇発生の重要な引き金となったが、一六世紀の初頭すでに広東・福建・浙江沿岸の一帯には多数の密貿易者や海寇の活動があった。嘉靖元年（一五二二、大永二）には広東の海賊方甘同らの活動、翌年には広東から福建の漳泉地方にかけての海寇の活動、同十年（一五三一、享禄四）には広東の海賊董秀山の逮捕、翌十一年には広東の海賊の跳梁《ちようりよう》があり、浙江では嘉靖八年（一五二九、享禄二）に温州海賊の讐、盤石衛逃軍の兵変、南直隷の侯仲金の乱などがおこり、浙江・福建沿海地方巡視の軍務をおびて一時的ではあるが浙江巡撫が新設された。中央から遠く離れた東南沿海の地方では、海禁令が充分に守られず、軍・官・民が癒着し、海防の体制も厳重ではなく、海上における密貿易はなかば公然と行なわれていたのである。

嘉靖の大倭寇とよばれる倭寇の活動は、朱紈《しゆがん》の海禁強行によって幕があげられるが、そのまえに雙嶼をめぐる密貿易について述べておこう。

雙嶼は雙嶼港とも雙嶼山ともいわれ、浙江省の揚子江（長江）河口に近く、寧波の東方の海にうかぶ島である。嘉靖五年（一五二六）に福建の鄧獠《とうりよう》がこの地を私貿易の基地とし、南海諸国の人を誘いこんで密貿易をはじめたという。ポルトガル人は正徳十六年（一五二一）以来中国で正式に貿易することを許されていなかったが、南洋方面では中国商人や琉球商人と接触しながら実質的な中国貿易を継続していた。嘉靖十九年（一五四〇）ころ、雙嶼には許棟《きよとう》の兄弟がいたが、許棟はポルトガル人を大規模に雙嶼にさそいこんで貿易を行なった。許棟が以前からマラッカ方面に出むいて貿易を行なっていたからであろう。

許棟の兄弟とは許一（松）・許二（棟）・許三（楠）・許四（梓）の四兄弟で、はじめ許二と許三の兄弟が海上活動をはじめ、許一と許四がのちにそれに加わったのである。

メンデス＝ピントーの『アジア放浪記』では、嘉靖十九年（一五四〇）頃のリャンポーすなわち雙嶼について、つぎのように書いている。

われわれは向い合った二つの島からなるリアンポーの港に到着したのである。当時、そこでポルトガル人が貿易に従っていたが、そこには約千戸の家、二つの病院、一軒の慈善会館があり、それに一二〇〇人のポルトガル人やそれ以外の国のキリスト教徒を含む三千の住民が、知事、陪席、死亡者及び孤児係長それぞれ一人、判事、警察官、町役場の書記、市街警吏、その他四人の公文書書記、六人の書記課員といったようなすべての種類の官吏によって治められていた。官職は、三千ドゥカットないしそれ以上の値で売買されていた。公証人は証書の下にこう書くのである。すなわち、「我等が主なる国王によりて、リアンポーの町の法律に従って、正本の正式公証人たる余、某。」と、まるでこの土地が、サンタレンとリスボンの間にでもあるかの如く、確信をもってそう書くのである。ポルトガル人の商取引は、私のきいたところでは三〇〇万両をこえ、一五五三年以後日本の銀の延棒で取引がなされるに及んで、彼らは商品の販売によってその財を三、四倍に増加することとなった。これらの繁栄はすべて、われわれの悪業のために、シナ人たちによって破壊されたのである。(江上波夫氏の訳文による)

李献璋氏によれば、リャンポーは寧波の発音をうつしたもので、ピントーの記述は雙嶼と霩衢《かくく》所とを合わせたものだろうという。あたかもポルトガルの植民地となっていたかのように書いているこの文章には誇張はあるだろうが、雙嶼がポルトガル人にとっても重要な密貿易基地となっていたことは充分に推察されるのである。

ポルトガル人が雙嶼にいたったころ、ここで取引をしたものには、許兄弟のほかに金子老・李光頭(李七)や王直がいた。金子老はさきにあげた鄧獠と同一人物であったのかもしれない。許棟と王直とはともに徽州歙《きゅう》県の出身で、同郷の関係から許棟が王直を配下に加えたのであろう。しかし許兄弟はまた広東潮州の生まれであったともされている。

雙嶼の貿易家

雙嶼における貿易は、もともと国禁をおかした密貿易ではあるが、最初のうちは比較的平和に行なわれていた。しかし次第に密貿易者に海盗がまじったり、交易者同士の葛藤から殺傷事件がおこったりした。また貨物獲得のため官吏に贈賄するものなどがあり、地方官で密貿易者と手を組んで暴利をむさぼるものがあらわれた。これらの人物は、明の官憲からみればすべて寇賊・海寇・倭寇であったわけである。かれらの動きは嘉靖四十一年（一五六二）鄭若曾が撰した『籌海図編《ちゅうかいずへん》』の巻八に「寇踪《こうそう》分合始末図譜」として要領よくまとめられているので、それによって示すことにしよう。

雙嶼の寇は金子老がとなえ、李光頭が海上の梟雄《きょうゆう》だったのを子老がひいて羽翼《うよく》にした。子老ののち、光頭がひとり雙嶼にとどまった。許棟・王直はそれを継ぐものである、という。

許棟については、浙直方面の海寇の最初のもので、王直の故主であり、はじめは西蕃の人をひきいれて交易するにとどまっていたが、二十三年にはじめて日本と通じたとし、許棟の滅んだのち王直がはじめてさかんになった。

金子老──雙嶼港に屯す──合踪──子老福建に帰る

嘉靖十八年、西番人を勾引して交易す

十九年四月

二十一年、後ふたたび来らず

李光頭

二十二年

許棟合踪──分踪

二十二年におこり二十七年にいたる

福建

浙江──擒となる

二十七年四月、都御史朱紈、都指揮盧鏜を遣わし、雙嶼港を破り、これを擒う

王直は汪直と書かれることもあるが、本名を鋥《てい》といい、はじめ塩商だったが失敗して海上貿易家に転じたという。嘉靖十九年（一五四〇）海禁のゆるみに乗じて、葉宗《しょうそう》満《まん》らと広東にゆき、大船を建造して、日本・暹羅・南洋方面で硝石・硫黄・生糸・綿などの禁制品の密貿易を行なって、数年で巨富をたくわえることに成功したという。雙嶼に移ってから、嘉靖二十四年（一五四五）に王直は日本にゆき博多津の倭助才門

許棟 ─ 雙嶼港に巣す ─ 坐して、その徒を遣わす ─ 分掠 ─ 福建／浙江 ─ 敗走

（雙嶼港に巣す）二十二年、李光頭と合踪す

（福建・浙江）常ならず

（敗走）二十七年四月、雙嶼破るるの故なり

└ 擒となる　六月、弟社武とともに指揮呉川にとらえらる

ら三人を誘って雙嶼につれてゆき密貿易の仲間にひきいれた。このころは、王直だけでなく中国人の商人で私的に日本に行き貿易しようとするものがかなりあった。天文十年（一五四一）と同十二年には豊後神宮寺浦に、同十五年には佐伯浦に入港したのをはじめ、薩摩の諸港や肥前の平戸などの九州の諸港ばかりでなく、関東の後北条氏の港や、伊勢や越前三国《みくに》港にも明船の入港があった。のちに述べるがポルトガル人をのせて種子島に着いた船もポルトガル船ではなく中国の密航船であった。

貨物をのせて日本への渡航中に颶風にあって朝鮮に漂着する中国船もあった。嘉靖二十三年（一五四四、天文十三）には朝鮮に拿捕《だほ》保護された明人李王乞ら三九人が遼

王直――雙嶼港に入る――日本に往く

二十三年、許棟の蹤に入り、司出納となる

許棟のために哨馬船を領し、貢使にしたがいて日本にいたり交易す

改めて列表に屯す――陳思盻を併す――分踪入寇す

二十七年、許棟、都御史朱紈のために破らる。直ちに許棟の余党を収め、みずから船主となる

三十一年

開市を求むるも得ざるにより、浙東沿海を獲掠す

走りて馬蹟潭に泊す――白馬廟に敗走す――日本に往く

三十二年閏三月、列表に兪大猷のために破らる

馬蹟軍また参将湯克寛のために破らる

分掠

四月

- 昌国を陥る
- 定海を犯す
- 海塩を攻む
- 乍浦を破る
- 杭州を犯す
- 南滙に入る
- 嘉定を犯す
- 呉淞に拠る

松浦に屯す――――――――――擒となる
これより以後、ただいながら徒党を遣わして入寇し、みずからは来らず
三十七年八月、定海関に欵して互市をもとむ、総督胡公人を遣わし、入見を誘いてこれをとらう

誅に伏す
三十八年十二月、詔を奉じて浙江省城市曹に斬る

東都司に送りかえされた。ついで、嘉靖二十六年（一五四七）にも福建の下海通蕃の奸民三四一人が送還された。このときに朝鮮国王から明政府にもたらされた報告には「馮淑ら前後一〇〇〇人以上を拿捕したが、かれらはみな軍器・貨物を帯びている。以前日本には火砲がなかったが、最近では多量に持っている、きっとこれらの人たちが鉄砲をみだりに日本へ輸出したからにちがいない、戦争をおこし、本国に患がおよぶのが心配である」という意味のことが書かれている。また朝鮮王は嘉靖三十二年（一五五三）には倭俘三人を明に献じている。これらは、わずかに記録に残ったものであるが、中国商人の頻繁な来航や倭寇との接触のあったことは容易に想像すること

ができよう。

雙嶼の潰滅

前掲の『籌海図編』の「寇踪分合始末図譜」で明らかなように雙嶼は嘉靖二十七年(一五四八)に壊滅し、許棟は捕えられ、王直はその残党を連れて逃走したのであるが、雙嶼の包囲攻撃を敢行した人物が朱紈であった。

朱紈(一四九二〜一五四九)は江蘇省出身の清廉剛直な官僚で、正徳十六年(一五二一)進士となり、景州知州をふりだしに諸官を歴任し、嘉靖二十六年(一五四七)浙江巡撫《じゅんぶ》(一省の最高長官)にすすんだ。この年は日本の天文十六年で、最後の遣明船が大内氏の経営下に派遣された年にあたっている。このとき明の世宗嘉靖帝が朱紈に下した勅諭には、福建の漳州・泉州、浙江の寧波・紹興などの地方における密貿易活動がまったく放置されているとし、朱紈を浙江巡撫とし、かねて福建の福州・興化・建寧・漳州・泉州などの海道提督軍務を管掌させる、としてあった。朱紈は命を奉ずるとただちに福建の現地におもむいて巡視に着手し、海上の通交を統制し、二本マスト以上の大船を破却し、峻烈な取り締りを励行した。

朱紈はとくに沿海の郷紳らの勢力家との妥協を一切排除した。嘉靖二十七年になると都指揮盧鏜に命じて雙嶼を攻撃させた。周到な準備をかさねて四月に雙嶼に攻め入り、福建人陸観に誘引されてきた薩摩東郷の日本人稽天と新四郎の二人を生け捕ったのをはじめとし、天妃宮十余間、寮屋二十数間、遺棄された船二七隻を焼きはらった。賊徒の死者は数えきれぬほどであったという。首領の李光頭は捕えられたが、許棟・王直らは逃れ、ポルトガル船の多くも南方に走り去った。しかし許棟もほどなく六月には逮捕され、処刑された。戦闘が終了したのち朱紈はこの地に営所をおき兵を駐屯させようとしたが、平素海上で生活するものの猛烈な反対によって果せず、ただ木石を埋めて港をふさぐにとどまった。ここに雙嶼を中心とする密貿易は終わりを告げた。

朱紈は、密貿易や海寇の原因を、明国内の郷紳や権勢家のなかにみていた。かれの言葉に「外国の盗を去るのはやさしいが、中国の盗を去るのはむつかしく、中国瀕海の盗を去るのは猶やさしいけれども、中国衣冠の盗を去るのが最もむつかしい」とある。中央や地方の大官や勢力家が密貿易家と馴れ合いで私腹をこやしていたのを痛烈に非難したのである。雙嶼の壊滅後、浙江・福建沿岸の郷紳やこれと結ぶ官僚たちはこぞって反朱紈の運動を展開した。朱紈は弾劾をうけて官職を奪われて北京に召還されることになったが、かれはこれをいさぎよしとせずに自殺した。以後四年間巡撫は空席となり、海禁はまたゆるんでしまった。

朱紈の失脚後、ポルトガル人はランパカウ（浪泊澳）に拠り、一五五四年（嘉靖三十二）には広州で通商する正式の許可を得た。さらに三年後の一五五七年には、中国の叛兵の鎮圧に協力した功によって澳門（マカオ）に居住することを許され、その集落は五〇〇～六〇〇〇戸に達したという。

5　一六世紀の倭寇の活動と特質

王直と嘉靖大倭寇

王直、日本に根拠をおく

雙嶼における交易は、明側からみれば密貿易であり、貿易従事者は海寇であり倭寇であり仏狼機《フランキ》賊であったわけであるが、この地における貿易は一応平穏《へいおん》に行なわれていたといってよい。ところが雙嶼崩壊後、密貿易者は武装を強め狂暴化していったのである。

雙嶼崩壊後の密貿易者群の首領としてあらわれたのは王直である。王直は青年時代は落ちぶれて遊民の徒に投じていたらしいが、いわゆる任俠の男で、智略に富み、人におしみなく施し、信望は厚かった。かれは倭寇の頭目といわれた人たちのなかでは最も日本との関係の深い人物であった。

王直がはじめて日本にきた年代は、日本側の史料では天文十二年（一五四三）、中国側の史料では嘉靖二十四年（一五四五）である。日本側の史料というのは鉄砲伝来の史料として有名な『鉄炮記』である。これによると、天文十二年の八月、種子島《たねがしま》西村の小浦に一隻の大船が着いた。どこの国の船かわからないし、乗組員の言葉も通じない。奇怪としていたところ、船中に五峰という大明国の儒生（儒学者）があり、筆談で西南蛮種の外国商人だということを告げた、としている。五峰とは王直の号であるが、儒生とよばれているように、かなり高度の教養の持ち主であり、鉄砲伝来にも重要な一役を買っていたのである。なお『鉄炮記』は、文之玄昌が慶長十一年（一六〇六）に、種子島久時の依頼をうけて、久時の祖父で鉄砲をはじめて日本にうけいれた種子島時堯《ときたか》の功績を記念するために撰述したものである。

中国側の史料『日本一鑑』では、王直が日本に来た年を嘉靖二十四年とするが、これは日本の天文十四年にあたる。王直が雙嶼に投じたのが嘉靖二十三年だからその翌年である。雙嶼の巨魁許棟とともに船団を組み、日本の貢使に随行して日本にむかった。この貢使というのは、前年明に渡ったけれども貿易を許されずに帰国を命じられた僧寿光の一行だったらしい。正式の貿易を許されなかった寿光は寧波あたりで密貿易を行ない、王直と関係を結んだのであろう。

日本で貿易をした王直は、帰国にあたって博多の助才門（助左衛門であろう）ら三人の日本人を誘って、雙嶼につれていった。これ以後は朝貢の形式によらない日本人の密貿易商人群が、ぞくぞくと中国の雙嶼をめざして渡航し、中国商人やポルトガル商人と貿易を行なうようになった。かくて、倭寇といわれる日本人の活動が始まったのである。朱紈の雙嶼攻撃で、嘉靖二十七年（一五四八、天文十七）に許兄弟が没落し、ここで平穏な取引ができなくなると、王直はおだやかに私貿易のできる場所を求めて日本の五島《ごとう》に根拠をおくことにした。かれは葉宗満らの一族一党をひきい、従子《おい》の王汝賢、養子の王滶《ごう》（毛海峰・毛烈）を腹心とし、最大の倭寇の首領となったのである。

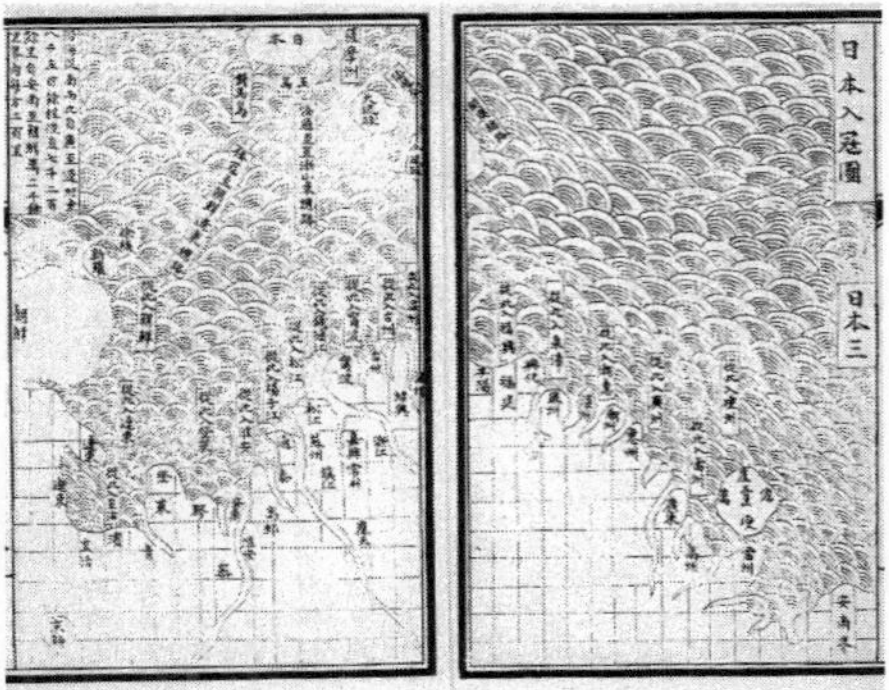

倭寇の進路（『日本図纂』）

王直は五島を根拠としたが、かれ自身は平戸に居宅を置いた。いま五島の福江にある明人堂や六角井戸は倭寇の遺跡と伝えられている。王直が平戸に移ったのは領主松浦隆信の勧誘があったためであろう。隆信は瓦職人など多くの唐人を招いて平戸に居住させており、王直と結んでの海外貿易を企図していたのかもしれない。そのころ平戸には中国船がさかんに出入し、唐・南蛮の珍物が集まり、京や堺の商人をはじめ諸国の商人が取引のために来訪し、西の都ともいわれるほどの繁栄ぶりであったという。平戸の王直は、部下二千余人を擁し、豪奢な屋敷に住んで、つねに緞衣《だんい》をまとっており、港には三百余人を乗せる大船をうかべ、三十六島の逸民《いつみん》を指揮して王者さながらの生活をおくり、徽王《きおう》ともよばれたという。現在、平戸湾の奥に横たわる鶴ケ峰に、堅固な石垣で築かれた松浦氏の古館がある。その近くの山腹の平戸湾をみわたす景勝の地に印山寺屋敷の跡とよばれている場所があり、ここがそのむかし王直が住んでいたところであると伝えられている。

密貿易の調停者

王直をこのような大勢力にのしあげたのは、かれの商業取引の方法が適切だったからである。密貿易はもともと不法の貿易であり、大きな利益がある一面では予測できない危険をはらんだ行為でもあった。需要者と供給者はつねに一定しておらず浮動的だったし、決済の方法も現金のときもあれば貨物で支払われることもあった。信用の基礎はなく、紛争がおきてもその処理を訴えでる機関もない。このような不安定な状態での取引には、双方の当事者から信頼され、不法を断乎として制裁する実力をもったものの存在が必要である。王直は学問もあり計数にも明るく、それに衆望をあつめる性格をそなえていたから調停者としての条件をそなえていたといえる。王直が密貿易者の頭目として果した役目はまさにそれであった。かれは取引者の委託をうけて売買や交易を代行することもあった。それに、来航商人の宿所や倉庫の設備、売買の斡《あっ》旋《せん》、業者の保護援助などもかれの仕事であった。かれは日本商人の業務を代行しただけでなく、中国商人やポルトガル商人の業務をも代行した。中国の法律にも日本の法律にも拘束されない場所での王直は、まさに倭寇国の王とよばれるにふさわしい存在だったのである。

王直は天文二十年（一五五一、嘉靖三十）に大内義隆に中峰明本《ちゅうほうみょうほん》の筆蹟を贈ったことがある。この中峰の筆蹟は、かつて策彦周良が遣明使として入明したとき、一見してこれを希望したが、交易することができずに心を残して帰国したという因縁のものであった。このことを聞いた義隆は、この筆蹟を策彦に贈った。このような事実から考えると、王直は五島付近に根拠地をおき、博多や薩摩の日本人と密接な連絡をとっていたばかりでなく、大内義隆などの有力大名とも接触があったことが知られるのであるが、のちには豊後の大友義鎮《おおともよししげ》（宗麟）とも交渉をもっている。

瀝港の掃討

雙嶼を逃れたのちの王直は、嘉靖二十七年（一五四八）に日本人を誘って舟山列島の馬蹟潭《ばせきたん》で貿易をしたほか、さかんに日本人をつれて中国沿岸で貿易を行なった。そのころ盧七・沈九が日本人とともに銭塘（杭州）を犯す事件があり、浙江海道副使丁湛は檄《げき》を王直らにおくり、賊をとらえれば、私市すなわち民間貿易を許可するとした。王直はこれにこたえて盧七らを捕えて献じた。さらに嘉靖三十年（一五五一）には舟山島の定海付近の瀝港《れきこう》（列港、烈港）に海寇の頭目として勢力のあった陳思盻《しけい》（盼《はん》か、泮《はん》も同人）を捕えて献じ、その船団と財貨を奪った。王直は自分と敵対する海寇の頭目らを倒し、そのことによって官憲に協力して恩を売りながら、自己の海上における覇権を確立していった。

王直は配下の船隊を、王滶・徐碧渓（徐惟学）・徐元亮らに分けて管理させ、航路を扼《やく》して略奪を行なった。定海関では王直らの外国船の通関を阻止することができず、密貿易の徒は蘇州や杭州にまぎれこんでも取り締まれなかった。一方沿海の人民には王直の一党に新鮮な食物や酒米をあたえるばかりか、子女までも提供するものが絶えなかったという。辺衛の官兵のなかには紅袍や玉帯を贈るものがあらわれ、把総張四維は王直に拝伏叩頭《こうとう》し、臣僕にあまんじて下働きをしたというのである。このように王直や海寇の一味は中国本土の官憲・郷紳・富豪と馴れ合いの関係となり、瀝港は官憲からなかば黙認されたかたちの国際密貿易場となった。

ところが嘉靖三十二年（一五五三、天文二十二）に瀝港に新しい事態がおとずれた。前年来上海や浙江沿岸を荒しまわっている倭寇の巣窟が瀝港であると考えられたからである。明の政府は都御史王忬《おうよ》を命じて提督軍務とし、浙江および福建の地方を巡視させた。王忬は浙江にいたって、参将の兪大猷《ゆたいゆう》・湯克寛《とうこくかん》・盧鏜《ろとう》らを用いて倭寇の防禦にあたらせた。兪大猷のひきいる官兵は大挙して瀝港を掃討した。ときにたまたま颶風がおこり、王直らは遁走した。さらに王直らは馬蹟潭で砲撃をうけて敗れ、平戸に逃げ帰った。

最盛期の嘉靖大倭寇

王直が瀝港を根拠としたころから倭寇の活動は中国の沿岸で猖獗《しょうけつ》をきわめた。王直は大海賊の首領として中国官憲の前にその姿をあらわしたのである。『明史』によると、嘉靖三十二年（一五五三、天文二十二）王直は倭寇をひきつれて大挙して中国沿岸を襲った。そのありさまは「数百の艦をつらね、海を蔽《おお》うていたり、浙の東西、江の南北、浜海数千里が同時に警を告げた」といわれ、三月昌国衛を破り、四月には太倉を犯し、上海県を破り、江陰を掠《かす》め、乍浦《さほ》を攻め、八月には金山衛を劫《おびやか》し、崇明および常熟・嘉定を犯し、翌年正月には太倉から蘇州を掠して松江を攻め、また江北にはしって通州・泰州にせまり、四月には嘉善を陥し、崇明を破り、また蘇州にせまって崇徳県に入り、六月には呉江から嘉興を掠《かす》め、帰って柘林《しやりん》に駐屯するなど、縦横に来往して無人の境を行くようであったという。これより数年間が嘉靖大倭寇の最盛期となった。

嘉靖三十年代の倭寇の動きにつき『籌海図編』の「寇踪分合始末図譜」によってみよう。金子老・李光頭・許棟・王直についてはすでに掲げたので（一三二〜一三五ページ参照）、それ以外のものを左にあげる。倭寇の巨魁とされた人物の動きが簡明に図示されている。

陳思盻——長途に屯す——ついで王直のために滅ぼさる

鄧文俊 ┐
林碧川 ├—日本楊哥（呼子）に屯す——入寇（三十一年四月）——遊仙寨を攻む——瑞安を攻む（五月）
沈南山 ┘

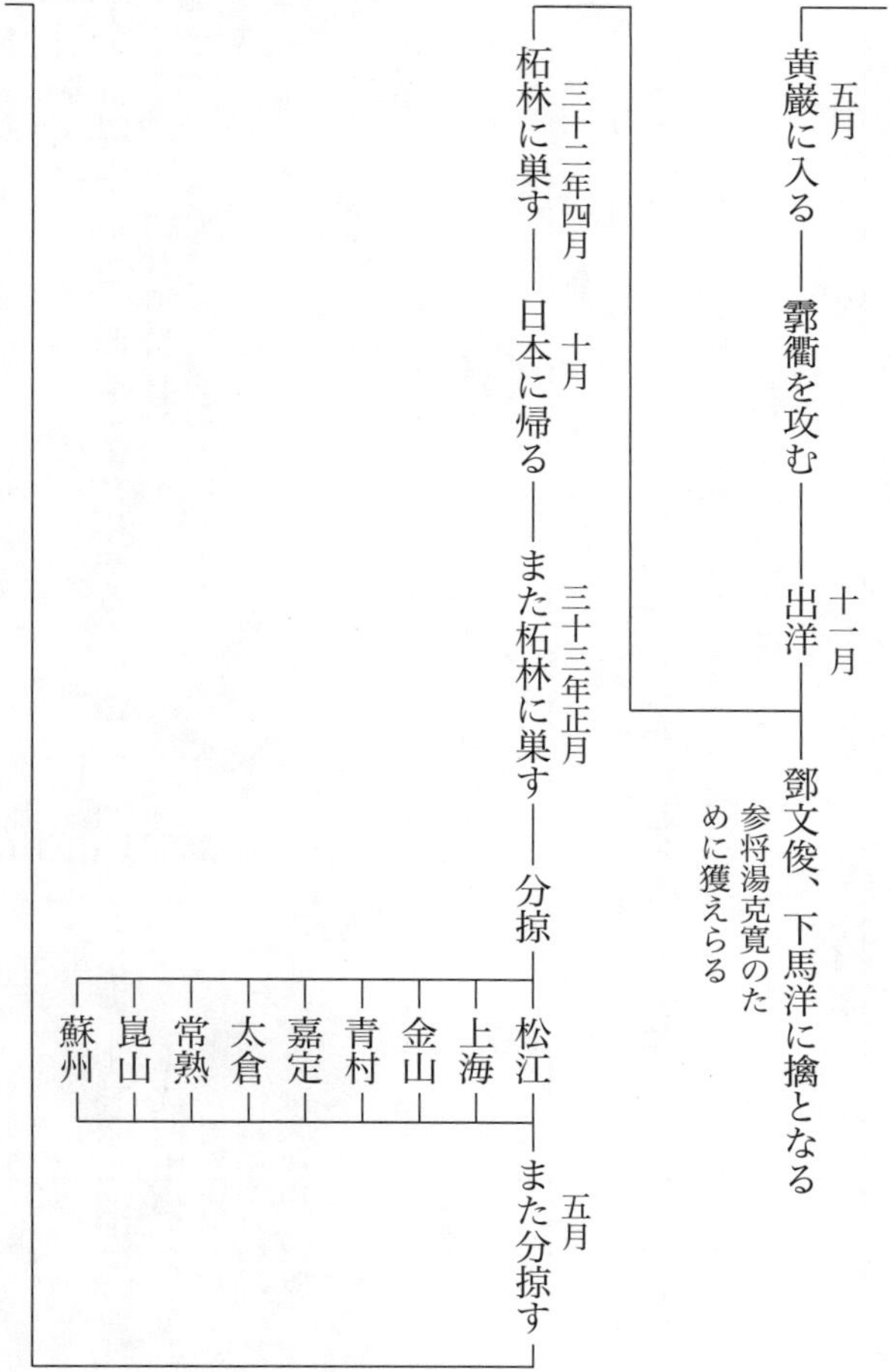
五月
黄巌に入る
霩衢を攻む
十一月
出洋
鄧文俊、下馬洋に擒となる
参将湯克寛のために獲えらる
三十二年四月
柘林に巣す
十月
日本に帰る
三十三年正月
また柘林に巣す
分掠
松江
上海
金山
青村
嘉定
太倉
常熟
崑山
蘇州
五月
また分掠す

蘇州
杭州 — 平望に敗る — 柘林に回る — 分掠 — 蕭山 / 臨山 / 瀝海 / 上虞 — 出海 — 林碧川擒となる
六月浙直の兵会して、これを破る
九月
沈南山擒となる
把総任錦のために追われ、大陳山に敗る

蕭顕 — 太倉に寇す — 上海を陥す — 柘林に巣す — 南滙を破る
三十二年四月
分かれて川沙に屯す

南沙に拠る — 嘉定を攻む — 上海を攻む
八月、崇明
三十三年正月
遁れて出洋し普陀に没す
これ、別踪の出洋者にして劉恩のために滅ぼさる

海塩に敗走す
三月、参将盧鏜・兵備任環に破らる
慈渓に滅ぶ
五月

鄭宗興
何亜八
徐銓
方武
合踪
分踪
三十三年
広東
福建
三州環に敗る
副使汪栢・指揮王沛・馬孟陽これを破る

宗興擒となる
亜八擒となる
銓
武
遁れて福建に往く
潮州に流突す
敗滅
武、擒となり
銓、死す
誅に伏す
武と宗興・亜八
みな戮せらる

徐海

和泉
薩摩
肥前
肥後
（摂津）
津州
対馬

三十四年正月
諸倭を率いて入寇し、
柘林に屯す

平湖を犯す
乍浦を攻む
崇徳を破る

湖州を犯す

二月
金山を攻む
嘉興

蘇州
太湖を掠む
五月
陸涇壩に敗る

常熟
三丈浦に屯す
無錫を攻む

三丈浦に合す
出海
登舟沙に滅ぶ
また知州熊
桴に破らる

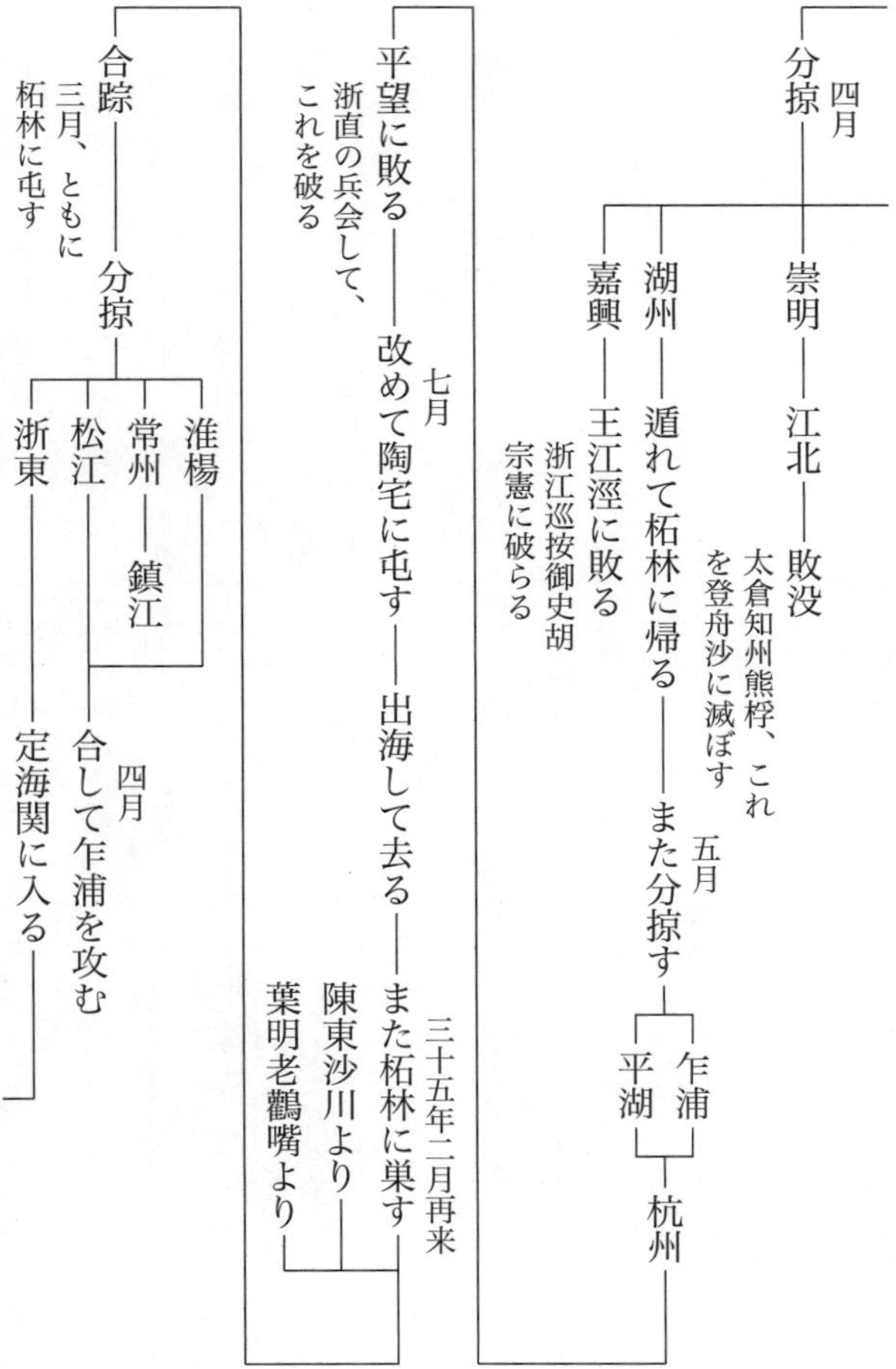
分掠
四月
崇明
江北
敗没
太倉知州熊桴、これを登舟沙に滅ぼす
湖州
遁れて柘林に帰る
また分掠す
五月
乍浦
平湖
杭州
嘉興
王江涇に敗る
浙江巡按御史胡宗憲に破らる
平望に敗る
浙直の兵会して、これを破る
改めて陶宅に屯す
七月
出海して去る
また柘林に巣す
三十五年二月再来
陳東沙川より
葉明老鸛嘴より
合踪
三月、ともに柘林に屯す
分掠
淮楊
常州
鎮江
松江
合して乍浦を攻む
四月
浙東
定海関に入る

四月 慈渓を陥す ― 餘姚を攻む ― 五月 竜山所を攻む ― 周乙擒となる
餘党遁れさる

五月 桐郷を囲む ― 分屯
― 新場（陳東・葉明）
― 李巻（徐海）
― 合して乍浦に屯す ― 沈庄に滅ぶ
八月、総督胡宗憲これを平らぐ

陳東
― 肥前
― 築前
― 豊後
― 和泉
― 博多
― 紀伊
― 三十四年正月 諸倭を率い、入寇して屯す ― 南滙を攻む ― 金山を攻む

崇明に入る ― 二月 青林を攻む ― 三月 上海を囲む ― 遁れて日本に帰る ― また川沙に屯す
三十五年正月再来

併せて柘林に入る（徐海と合す）――乍浦を攻む――桐郷を囲む――分かれて新場に屯す（徐海と分かれ、葉明と合す）

合して乍浦に屯す（また徐海と援をなす）――乍浦城南に滅ぶ

葉明――築前・和泉・肥前・薩摩・紀伊・博多・豊後――諸倭を率いて入寇す（三十五年正月）――老観嘴に屯す――併せて柘林に入る（四月）

合して乍浦を攻む——分かれて——合して乍浦——擒となる
新場に屯す　　　に屯す　　　徐海、総督胡公の命を奉じ、生けどりて来り献ず

右に見える人物中とくに注意しておきたいのは徐海・陳東・葉明である。

徐海は徐惟学（本名銓《せん》、号碧渓）の甥で、わかいとき杭州の虎跑寺で僧となり、法名普浄、日本では明山和尚とよばれて尊敬されたという。王直の仲間だった徐惟学が大隅の某領主から数万両の銀を借りたときに人質にされたというから、日本の大隅に滞在していたことがあったにちがいない。はじめは王直の配下にあったらしいが、のちに王直と対立するようになり、徐惟学の死後柘林を根拠として威勢をふるい、軍隊組織の倭寇軍を編成し、全軍に紅衣を着せ、馬や輿に乗り、情婦までつれて劫掠《こうりゃく》にでかけた。嘉靖三十四年（一五五五、弘治元）新倭を合わせて四千余人の隊で嘉興を急襲したが、総督張経配下の参将盧鏜や副総兵兪大猷らの兵にあって大敗した。斬首一九八〇余、溺死者・走死者多数、残るわずかのものが柘林に逃げ帰った。平望王江涇の大捷とよばれた合戦で、倭寇は大打撃をうけた。これよりも以前に徐海の伯父の徐

惟学は嘉靖三十三年（一五五四、天文二十三）十月、官軍の追撃をうけて海上で戦没した。徐海は嘉靖三十四年に大隅の夷酋辛五郎（新五郎）というものと結び、翌嘉靖三十五年には伯父の仇を報ずるために「種島の夷助才門すなわち助五郎」（前に博多の助才門とあり、王直と行動をともにした人物と同人かもしれない）「薩摩夥長《ホイチヨウ》掃部《かもん》」「日向彦太郎」「和泉細屋」ら五万～六万の衆と千余艘の船隊で報復行動に出た。しかし途中暴風雨にあい、二万余の軍が上陸して各地を荒しまわったが、半年近い抗争ののちに掃討されてしまった。

陳東は、薩摩の領主の弟で書記をつとめたことがあるというが、日本人ではなく中国人だったのかもしれない。部下には薩摩人が多く、嘉靖三十四年正月、肥前・筑前・豊後・博多・紀伊の諸倭をひきいて徐海らとともに入寇し、三月に敗れて日本に帰っている。

葉明（葉麻・麻葉）は「驍勇善戦、諸酋の冠明たり」といわれるほどの人物で、筑前・和泉・肥前・薩摩・紀伊・博多・豊後の日本人とともに入寇した。

嘉靖三十五年四月以後の桐郷《とうきよう》県城の攻防戦で浙江総督胡宗憲はたくみな離間策をとって倭寇の首領たちを孤立させ、七月には葉明・陳東が捕えられ、八月には脱出をはかつた徐海の片腕だった辛五郎も金糖の海上で捕えられた。ついで同月、徐海も平湖県沈家荘で縛《ばく》につき、浙江・江蘇をさわがせた諸海寇はことごとく討伐された。

嘉靖大倭寇は、雙嶼・瀝港の密貿易基地をあいついで失った海商団が、現地の住民や日本人・ポルトガル人などと協力しながら展開した寇掠であり、王直・徐海を中心として、嘉靖三十年頃から同三十五年頃までつづいた。

明の倭寇対策

海防責任者の交替

嘉靖三十一年（一五五二、天文二十一）の浙江攻撃から三十五年にかけては、倭寇の活動が最もさかんであり、明政府が倭寇の対策に苦心した時期である。明の政府は沿海の要衝を選んで築城して官兵を配置するとともに、烽火台などもととのえた。また清野の法と称して沿海の住民を内陸部に疎開させ、たとえ倭寇が上陸しても掠奪すべきなにものもない土地にしてしまうという方策などをとった。

嘉靖三十一年に提督軍務となった都御史王忬《おうよ》は瀝港の王直を追いはらったが、その翌年から翌々年にかけて王直一党の侵寇はいよいよ激しくなった。

嘉靖三十三年、王忬は大同巡撫に転任し、後任に李天寵が浙江巡撫になったが、かれは凡庸無策で、趙文華《ちょうぶんか》に讒言《ざんげん》されてしりぞき、さらに南京兵部尚書の張経が総督軍務として浙江・福建・南直隷の海防の責任者になり、嘉靖三十四年の五月には王江涇で徐海らの船隊を破った。嘉靖以来初めての勝利であったといわれる。しかし張経も同年の五月工部侍郎趙文華の弾劾《だんがい》にあい、その職を追われた。

張経のつぎに総督になったのは兵部侍部周琉《しゅうしゅう》であるが、これもわずか三四日で趙文華の弾劾でやめさせられて、南京戸部侍郎楊宜《ようぎ》が総督になった。趙文華は『明史』では「奸臣」の伝のなかにいれられている人物で、中央の権臣におもねり海神を祭って意見を述べたそうで、海防の責任者をあいついで弾劾し、かれの意見でしばしば更迭が行なわれた。このことが指揮系統の乱れを生み、倭寇の活動を許す結果となったのである。ちなみに楊宜就任直後の嘉靖三十四年の七月には南京城にせまる倭寇の大侵寇があった。かれらは六〇～七〇人の賊にすぎなかったが、杭州湾から上陸すると一昼夜に百八十余里（中国の一里は約六五〇メートル）を走り、浙江省・安徽省の各地を荒して南京城にせまり、江蘇省を経て大湖湖畔で全滅するまで、八十余日、数千里を行動し、四千余人を殺傷したという。

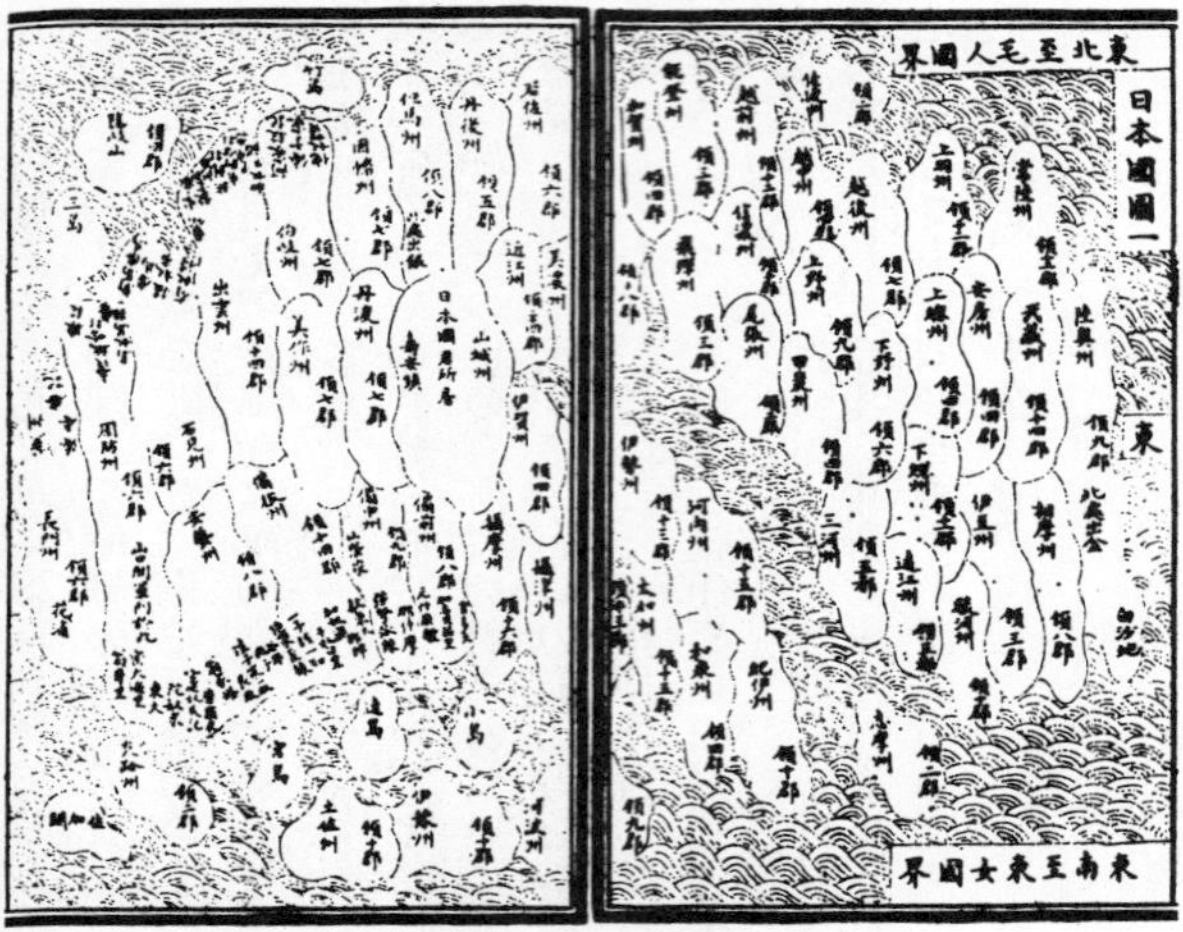

『日本図纂』の「日本国図」（1）

鄭舜功の日本渡航

楊宜は倭寇禁止のための一つの方策として使者を日本に派遣した。鄭舜功は嘉靖三十四年、広東を出帆して日本をめざし、豊後大友義鎮のもとに滞在し、倭寇の動静や日本の国内事情を精査して、嘉靖三十六年に大友氏の使僧清授とともに帰国した。かれは漢の張騫《ちょうけん》を理想とした冒険家で、大きな抱負をもって行動したのであるが、かれが帰国したときには、かれを推薦した総督楊宜はすでに趙文華の弾劾によって職を追われていた。鄭舜功はその意見が用いられなかっただけでなく、罪を得て四川《しせん》に流された。嘉靖四十四年（一

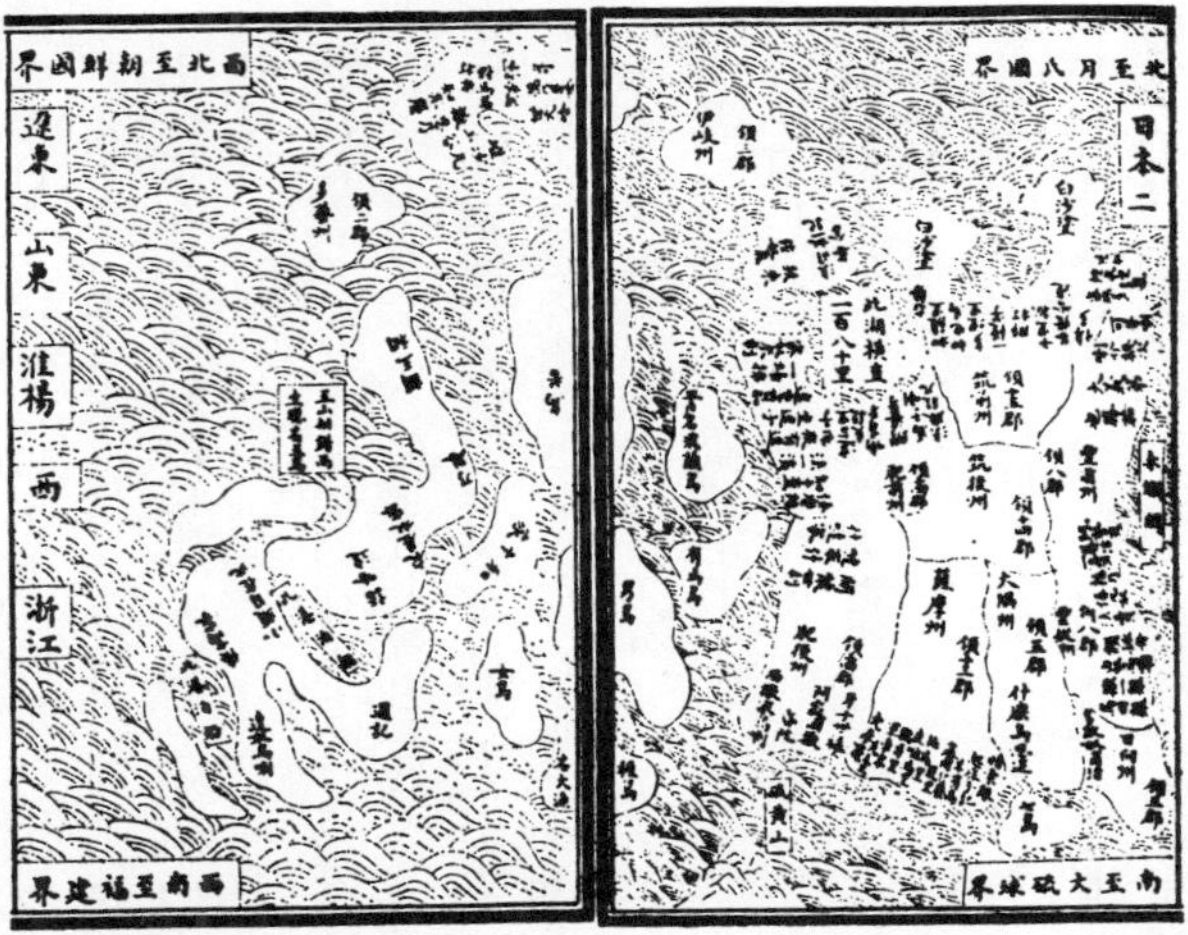

『日本図纂』の「日本国図」（2）　五島と九州が他の地方とくらべ異常に大きく描かれている。

五六五）にかれが書いた『日本一鑑』は、天文・弘治・永禄頃の日本に関するかれの全知識と平素いだいていた倭寇対策を吐露して官府に提出したものであった。

蔣洲・陳可願の日本渡航

楊宜にかわって嘉靖三十五年（一五五六、弘治二）二月趙文華に推されて総督になったのは安徽省出身の浙江巡撫胡宗憲である。胡宗憲は「権術多く功名を喜ぶ」と評された人物だが、すでに巡撫だったころから倭寇鎮定の策をもち、楊宜が鄭舜功を日本に派遣したのと同様に配下の蔣洲《しょうしゅう》と陳可《ちんか》願《がん》とを日本に送り、日本の国内事情を偵察し、あわせて王直らを説得させようとした。『明史』以下の書物では「日本国王に諭す」と記しているから、太祖洪武帝以来の伝統にならって室町幕府と折衝して倭寇を禁じさせることを表むきの第一目的としたのである。

蔣洲は青年時代を遊侠の徒とともに遊びくらしたらしいが、「縦横の士」とか「弁士」とよばれたほどに才気と智勇を備え、弁舌にたけた人物であった。蔣洲は万表の推薦で胡宗憲に会い、日本に行って王直を説得すべきことを献策して提挙にあげられ、日本行きの正使となった。副使には陳可願がきまった。

蔣洲と陳可願は嘉靖三十四年(一五五五、弘治元)九月に出発し、十一月には肥前の五島に到着した。蔣洲らはこの地で王直の養子の王滶(毛海峰、毛烈)に会い、ついで王直にも会うことができた。蔣洲らは、胡宗憲は王直と同郷であり、王直の妻子が故国で牢に入れられていたのを宗憲が救い出して温情を加えていることを述べ、王直の望郷の情に訴えた。また、もしも王直が帰国するならば、海禁をゆるめて開市(貿易)を許し、罪は問わないとして利をもって誘った。王直はこれを信じて大いに喜び、胡宗憲の申し入れをうけることとして、まず王滶を陳可願とともに一足さきに帰すことにした。一行は翌嘉靖三十五年の四月に帰国した。

蔣洲はなお日本に滞留して日本国王（足利将軍）と接触することを希望し、王直がこれに協力することになった。王直は蔣洲とともに博多を経て嘉靖三十五年の四月に豊後に行き、大友義鎮に会い、また山口の大内義長には使僧を送って日本宣諭の意向を伝えさせた。蔣洲が宣諭の第一の対象と考えたのは日本国王であるが、王直らから情報を得るにしたがい、将軍と接触しても大きな成果を期待することができない事情に気づいたのであろう。蔣洲は、大友氏・大内氏のほか倭寇と関係のある対馬の宗氏などの諸大名を説得するほうがより賢明な方針であると考えたにちがいない。

対馬の宗氏は、倭寇に関する情報があれば、朝鮮政府に急報するのをつねとしていたが、弘治二年（一五五六、嘉靖三十五）の四月に王直に関する情報を朝鮮に伝えている。王直が豊後に行ったのと同じ四月に、対馬の使者は朝鮮に行って、中原（中国）の人で五峰と称するもの（王直）が阿波・伊予・讃岐・土佐と五島の賊倭の首領として明や朝鮮に入寇しようとしている、と伝えたのである。その文中には去年の五月から七月にかけて朝鮮南岸の達梁浦や済州島を襲い、兵馬節度使の本営までも攻めおとした乙卯達梁倭変の海賊団の本拠は五島で、中心人物は王直であるとも述べ、さらに両大人が明から勅書をもって日本に来たと報告している。両大人が蔣洲と陳可願とをさすものであることは明らかである。対馬では、翌弘治三年（一五五七、嘉靖三十六）三月にも、蔣洲から禁賊に努力すべきことを要求した咨文が宗氏あてに送られてきた事実を朝鮮に報告している。

王直、誘殺される

対馬の使者が朝鮮に王直の情報を送った直後の弘治三年（一五五七、嘉靖三十六）四月、王直と蔣洲とは、大友義鎮の使僧徳陽・善妙とともに松浦（五島）から帰国の途についた。蔣洲と徳陽の船は七月に明に着いたが、王直と善妙の船は颶風のため朝鮮に流され、十月にやっと舟山列島の岑《しん》港に着いた。入港した王直は前約によって互市すなわち自由貿易を要求したが、船の入港が前後したこと、大友氏の使者徳陽が勘合を持たず、書状にも金印がなく従来の遣明船の体制とちがっていたことが、蔣洲を予期せぬ不利な立場におとしいれた。万里の波濤をこえて異国から帰還した勇者は、いわれのない誤解をうけて獄に入れられてしまった。胡宗憲も蔣洲を見殺しにした。しかし蔣洲の日本や倭寇に関する知識と情報は、のちに地理学者鄭若曾の手によって『日本図纂』『籌海図編』としてみごとに結実したのである。

十一月、王直は千余の部下とともに胡宗憲に降伏した。王直の来投を迎えて、明朝の廷議は二分した。王直の願い通りに互市を許そうという意見と、皇朝の体面を重んじて王直を殺そうという意見である。結果は後者が廷議を制し、王直は獄に下された。胡宗憲は王直の助命をはかったが、王直や善妙から金銀数十万の賄賂を贈られたとの風説が流れたために態度をかえて王直の助命を断念し、王直は嘉靖三十八年（一五五九）十二月に斬首された。

胡宗憲の倭寇懐柔政策は互市の許可を前提にしたもので、倭寇発生の根本原因を除こうとしたものであったが、結果としては王直を騙し討ちにすることによって終末を告げた。

徐海、潰敗する

徐海の一党は、すでにみたように嘉靖三十五年の春から夏にかけてなおさかんに海寇活動をつづけていた。胡宗憲は葉宗満《しょうそうまん》を利用して招撫工作を行ない、これに王直の帰順を告げて動揺させ、さらに陳東・葉明らとの離反を工作して、徐海はじめ各海寇集団を孤立させて、各個に撃破していった。徐海は陳東を捕えて、みずからも投降したが、結局は胡宗憲の術中にはまったことを知り、浙江の平湖沈家荘にたてこもったけれども、胡宗憲は兪大猷・阮鶚らに攻撃させ、徐海の一党は潰滅した。日本人辛五郎（新五郎）もかれと運命をともにした。のちに瀝港の地は平倭港と改められ、戦捷の記念碑が建てられた。

王直の就縛は他の倭寇集団にとっては大打撃であり、葉宗満・王汝賢もつづいて捕えられ、わずかに王滶の一党が最後まで抵抗した。胡宗憲は連年の征倭の功によって右《う》僉都《せんと》御史《ぎょし》から兵部右侍郎・右都御史にすすみ、嘉靖三十九年（一五六〇）には太子太保にのぼったが、四十一年にはかれもまた失脚して投獄され、自殺した。

月港二十四将の乱

王直とその一党が滅んだのちも倭寇活動はなおつづいていた。しかし舞台は浙江を離れて福建・広東の地方が主となり、一五六〇年以前の倭寇のような猛威はみられなくなった。その拠点は福建の漳洲月港と浯嶼、広東の潮州海上の南澳である。頭目として有名なのは、許老（許朝光、許西池）・謝老（謝策）・洪沢珍（洪廸珍）・厳山老・張璉・蕭雪峰・林国顕・呉平・林道乾・曾一本・林鳳などである。

許老・謝老・洪沢珍はいずれも広東の出身である。洪沢珍は王直の余党として日本と往来し、王直がなくなってからは広東の海域に日本人を誘導して巨万の富を蓄えた。かれは倭寇に捕えられた明人を買いもどすことをして人気もあったらしい。嘉靖三十六年（一五五七、弘治三）頃、広東漳洲府の九都の張維ら二四人が共同で一船を造り、もっぱら倭寇・海寇と接して食糧や商品を売っていたが、そのことが官憲に知られて弾圧をうけた。二四人が接した相手は洪沢珍と想像される。倭寇との接触を絶たれた張維らは沿海の多数の無名の民衆をひきいて起ち、九都城を占領した。月港二十四将の乱といわれるもので、倭寇と結びついた土寇の反乱であった。嘉靖四十三年にいたり張維らは斬首梟示《きょうじ》された。

倭寇残類のフィリピン襲撃

胡宗憲の死後、福建・広東方面の倭寇の防衛を担当したのは戚継光・兪大猷・譚倫らである。

嘉靖四十二年（一五六三、永禄六）、倭寇の大部隊が福建の各地を侵犯した。浙江の温州から来た倭寇と福建の連江の倭寇が合して寿寧・政和・寧徳の諸県をおとし、広東から来た倭寇と福建の福清・長楽の倭寇と合して玄鍾所を攻略した。かれらは各地を荒しまわったすえ興化府城を囲んで陥落させて平海衛に拠った。副総兵の戚継光は浙江から福建にいたって、都督劉顕や総兵兪大猷と協力して、平海衛に倭寇を破り、ほとんどこれを殲滅《せんめつ》した。戚継光はさらに仙遊や同安に拠った倭寇をも撃破し、声望隆々たるものがあった。

ちなみに戚継光の撰した『紀効新書』『練兵実紀』は倭寇対策の書としてのちに朝鮮や日本にも大きな影響をおよぼした。文禄・慶長の役のとき、朝鮮では豊臣秀吉の軍の侵入を万暦倭寇の侵入とみ、戚継光が嘉靖倭寇に対した戦闘方法を参考として利用しようとしたのである。しかし、実際には明と朝鮮とは国情がちがうということで、戚継光の法を実戦に用いることはなかった。この『紀効新書』『練兵実紀』はのちに日本にも輸入され、江戸時代には兵法書として重視された。『紀効新書』については平山潜の校訂本が寛政十年（一七九八）に、『練兵実紀』については藤川憲の校訂本が弘化元年（一八四四）に、それぞれ日本国内で刊行されている。頼山陽なども愛読したらしい。

倭寇の残類は、海盗の呉平と連絡して潮州の方面を襲って破られた。林道乾は嘉靖四十五年（一五六六、永禄九）都督兪大猷に追われて台湾北港に逃げこみ、呉平の一味だった曾一本と気脈を通じて台湾を根拠とした。かれは無頼の徒を賞金で集め、一人につき銀一両をあたえ、一〇人集めたものは銀三両をあたえて部酋にするという方法で浜海の巨寇にのしあがったといわれる。オランダ人が来て占拠するまで、台湾は完全に倭寇の基地だったのである。

明の隆慶・万暦年間は倭寇の衰退期で、その舞台は台湾・フィリピン・南洋の方面に移っていった。そのなかでめざましい活躍をした人物の一人に林鳳がある。林鳳の行動は、ゴンサーレス＝デ＝メンドーサの『シナ大王国誌』にリマホンの名でくわしく紹介されている。林鳳は四〇〇〇人の部下をもつ大勢力で、フィリピン諸島を襲撃して全諸島を征服してその国王となることを決心し、一五七四年（万暦二、天正二）アンドレスの祝日（十一月三十日）の前日にルソン島のマニラの入江に達し、四〇〇人の先発隊を送って市内に放火させて全市民を殺させようとした。四〇〇人は二〇〇人の銃隊と二〇〇人の槍隊とからなり、残虐行為にでたがマニラ市民の反撃にあって後退した。二日後、林鳳配下の六〇〇人が上陸したが、勇敢なスペイン人の防衛陣地を抜くことはできなかった。

スペインの軍団長サルセドは、林鳳の船隊を襲撃して炎上させ、三ヵ月にわたる包囲戦を行なったが、林鳳らは巧妙な計略を用いて脱出した。

やがて林鳳追討の司令官として中国本土から王望高がマニラに到着し、スペインの軍団長の歓迎をうけ、総督のもとに宿泊し、林鳳が窮迫している状況に関して報告書を書き、アウグスティノ会修道士とともに中国に帰った。なお林鳳の総軍は兵員三〇〇〇、船七〇で、副将には日本人シオコがおり、かれが四〇〇人の先発隊の指揮者であったという。

海禁令の解除

明の隆慶元年（一五六七、永禄十）福建巡撫塗沢民の上奏によって、明初以来二〇〇年にわたって施行されてきた海禁令が解除され、中国内地人の海外渡航が許され、従来密貿易とみなされていたものが公許の貿易としてみとめられることになった。倭寇猖獗《しょうけつ》の主原因が海禁と深い関係をもっていることが世論によって指摘されたからである。海禁の緩和はすでに嘉靖年間から張廉や趙文華・鄭暁らが倭寇対策の一環として説きつづけてきたことであった。隆慶以後、明の商船は福建の海澄で商税を納めれば南海各地と往来して貿易することができるようになった。

ただこの海禁解除は、南海方面への出航貿易だけに限定されたものであり、日本への渡航と硝石・硫黄・銅・鉄などの禁制品の海外帯出は従来通りに禁止されたままであった。この付帯条件の部分は、結局は倭寇や海寇の行動を禁止するためのもので、開洋政策といっても完全なものではなかった。

しかし、明における政策転換は、中国人の海外貿易とフィリピンをはじめとする南方諸地域への移住を容易にし、その傾向を促進した。このような情勢のなかでさしもの倭寇活動も終局に近づきつつあった。

日本における国内統一事業の進展、とくに豊臣秀吉が天正十六年（一五八八）に海賊禁止令を出したことなどは、日本人が倭寇に参加することをさまたげる一因となった。秀吉が天正十七年、平戸の松浦兵部卿法印に書状を送り、「てつくわい」という明人が大将となって「八幡《バハン》」に来たので取り締るようにと命じていることなどは、秀吉が海上航路の安全確保に関心をもっていた事実を物語るものといえよう。さらに文禄・慶長の役直後の慶長四年（一五九九）に豊臣氏五大老から島津氏にあてて出した連署状には、先年来「ばはん」のために渡航するのを禁止している、という意味のことが書いてある。嘉靖大倭寇につづく一連の倭寇活動は一六世紀が終わる時点でおおむね終息したと考えてよいであろう。

倭寇の特質

活動の様相　明の馮夢竜《ふうむりよう》の編纂した『三言二拍』という小説集のなかに倭寇のことをあつかった「楊八老越国奇逢」（楊八老、紹興府にて奇しきめぐり逢いをすること）がおさめられている。内容は、陝西省の商人だった楊八老が、福建省で倭寇に捕えられ、倭寇の配下に加えられて日本に行き、一九年間滞在し、紹興で倭寇の一員として明の官兵につかまり、やがて二人の夫人と二人の息子とに会うことができ、めでたしめでたしというものである。かれが倭寇をはじめて眼にしたときの詩。

舟も車もひしめき合い
男も女もおろおろそわそわ
胆をつぶして逃げまどい
口をそろえて言うことに
倭寇のなんと狂暴で
それにひきかえ官軍の
頼りにならぬくやしさよ
手足まといの年寄りや
女房子供をふりすてて
何よりわが身が大切と
命からがら逃げて行く
貧乏人も金持も

いざとなったら同じこと
都会だろうと山奥だろうと
逃げられる所に逃げるまで
さても古人はよく言うた
——「乱離の人となるよりは
太平の犬の方がよい」（松枝茂夫氏訳、以下同じ）

倭寇についてはつぎのようなことも書いてある。倭寇は中国人を見つけたからといって、だれもかれも皆殺しにしてしまうわけではない。女を捕虜にすればほしいままに姦淫し、さんざん弄んだ末には、殺さずに逃がしてやる。なかには情を解する倭奴もいて、人並みにそっと贈り物をすることとさえある。男の場合は、年寄り子供だけを殺し、強そうな男だったら、むりやりつかまえて奴僕としてつかい、髪を剃り、漆をぬりたくって倭奴に変装させ、刀や槍をあたえて合戦の法を仕込み、いざ合戦というときには、これを陣頭に押したてて進む。官軍のほうではただ首を一つ取りさえすれば褒美がもらえるので、瘡《かさ》っ禿げでもあれば普通の良民だろうと何だろうと、その首を切って手柄にしようとする。まして戦場でつかまえたのであったら本物だろうと贋物だろうと決して許されることはない。それゆえ頭を剃られた贋倭奴たちは、どのみち助からぬなら、倭寇にたよったほうがましだという考えになり、倭奴同様に兇暴な力をふるう。本物の倭奴は贋物を陣頭に押したてて突進させ、自分らはその後から進むので、官軍はしばしばその計略にかかり、やられてしまう、と。これが中国人がみた一般の倭寇像であった。

また倭寇の戦法をよんだ詩ものせている。

倭寇の軍はしずしずと
千変万化の陣がまえ
ほら貝の音に蝴蝶とび
一列にならび長蛇走る
軍扇さっとうちふれば
全軍たちまち影もなく
また忽然と現われて
あたり一面の刀の花
さらに贋物も加わって

禍に乗じて中華をさわがす

倭寇の戦法として恐れられた有名な長蛇の陣と蝴蝶の陣をうたったものである。倭寇は上陸すると一列の縦隊で進み、官軍に出あうと散開して伏せ、指揮官が扇を用いて号令をかけ、伏兵が四方から刀をふるって立ちあがるさまが蝶が舞うようであったという。また一列の先頭と後尾に最強の者をおき、頭を撃てば尾のほうが攻撃し、尾を撃てば頭が反撃する方法が長蛇の陣である。一隊の構成は三〇人くらいで、各隊はほら貝の合図で連絡しながら行動し、劫掠のあとではかならず建物に火をかけて去ったという。

倭寇の構成員

倭寇は中国の諸史料のなかではいろいろな名称でよばれている。真倭・偽倭・仮倭・装倭・倭賊・倭奴・勾倭・残寇・賊帆・荒夷等々である。石原道博氏がこれらを丹念にひろいあげたら、なんと二一六種類のよび名があった。このことは、倭寇といっても、その構成や性格が複雑かつ多様であったことの一面を示しているのである。『明史』の日本伝に、「大てい、真倭は十の三、倭にしたがうものは十の七、戦うにはそこで掠めた人を軍の先鋒にする」と書いてある。真倭すなわち本当の日本人は全体の三割で、他の七割は従倭、すなわちこれにしたがうもので、真倭にかすめられた中国人だったというのである。『明史』にはまた、中国人が「一～二の真倭を勾引して酋首とし、みずから髪を剃って、これにしたがう」とあり、『潮中雑記』にも「各賊ついに二千余の徒を糾集し、そのうち二百余人が髪を剃って、いつわって倭人をよそおっている」としている。偽倭とか装倭とかいうもので、これは日本人を偽装した中国人の集団である。ほかに、三割しかいないという真倭も実は中国人が雇募したものであると徐階が書いている。倭寇の主体はあくまでも中国人だったというのである。

嘉靖三十四年（一五五五、弘治元）の南京湖広道御史屠《と》仲律の「禦倭五事疏」には、海賊と称するものも多くは中国の奸民が外国人と貿易するものであって、夷人（外国人）は一〇の一、流人が一〇の二、寧波・紹興が一〇の五、漳州・泉州・福州のものが一〇の九で、倭夷というものでも多くは戸籍にある平民であると記している。比率に関する記述は曖昧だが、福建省あたりの住民が倭寇としては最も多く、それについでは浙江省あたりの中国人が行動していたのである。海寇の頭目として有名な鄧獠・李光頭・葉宗満・謝和らはいずれも福建省の出身であり、徐惟学・李大用は浙江の人であった。

倭寇の行動を激烈にし、被害を大きくした一因に山寇の存在があったことも見逃すことができない。鄭若曾は、福建の患に二つあり、一は山寇、一は海寇であるとし、海寇とそれと貿易する人たちを勦滅《そうめつ》すれば、山寇は攻めずともおのずから平らぐものであるとしている。林大春は、嶺南（広東方面）の盗賊集団は山寇・海寇・倭寇の三寇だとし、「山寇は剽《ひょう》すること急にして禍をなすこと速く、倭寇は惨烈で禍をなすことが派手であり、海寇は沿海地の各府州県内に浸透し、陰湿で禍毒をなすことがはなはだしい。三者はたがいに助け合い、倭寇が海上から来ると海寇がこれを嚮導し、かれらが内陸に屯聚《とんしゆう》して掠略をするときには山寇が爪牙《そうが》となる」としている。林大春は海寇の発生源として、沿海地郷村の農漁民、沿海各府州県の役人、沿海往来の商船の商人、課役に耐えかねて失業した下層貧民、他省からの亡命者をあげ、なかには良家の子弟で加わるものもあったとし、中国本土の沿海地の諜報連絡の組織網を持った海寇の首領は、参軍・羽衛などの部酋を配下におき、みずからは海上の巨艦の奥深くに王侯のような生活をしていた、ともしている。

倭寇の主体が日本人ではなく中国人であることは、すでにみた通りであるが、それとともに中国の諸書にみえる「倭寇」が本当の倭寇だったかどうかをみきわめる必要がある。中国の官憲が自分の功績を大きくみせるために倭寇の残忍性やら侵略のすさまじさを誇大に捏造《ねつぞう》した報告書が、そのまま文献に書きとめられてしまった例が少なくないからである。日本人はもとより、中国人の盗賊もポルトガル人の密貿易者も、すべて倭寇として処理してしまったのである。

このように、中国における倭寇像は実体がきわめて曖昧でつかみにくいものであるが、あるときは中国民衆に日本人に対する恐怖や憎悪の想念を植えつけ、またあるときは中国の民衆が自分たちの反乱を倭寇のようにみせかけ、さらにそれらが中国の官憲から適当にたくみに利用されたりしたのである。そして倭寇の観念が中国人の思想のなかに定着したのは、実に豊臣秀吉の朝鮮出兵のときであった。日本史でいう文禄・慶長の役は、中国にとっては最大の倭寇だったのである。

倭寇の行動圏

『籌海図編』には、日本人の倭寇は、薩摩・肥後・長門三州の人が最も多く、つぎは大隅・筑後・博多・日向・摂津・紀伊・種子島で、豊前・豊後・和泉の人もあり、薩摩を経由して中国にいたるものであるとしている。これら九州地方の大部分と瀬戸内海沿岸の諸国や港湾をふくむ諸地方は中国人が倭寇の出身地として認識した諸地域であるが、来航した中国人が日本人と最も多く接触の場所とした地方でもあった。

瀬戸内海の海賊として有名な伊予の村上氏が倭寇の一翼をになって活躍したという所伝は、江戸時代の中期にできた香西成資《こうざい》の『南海通記』に述べられて広く知られているが、現実には明らかな証拠は残ってはいない。博多などには古くから中国人の居住区域として唐人町が形成されていたが、このほうが倭寇と関係が深かったようにおもわれる。

日本から中国にむかう船は、たいてい三〜五月頃、五島あるいは薩摩を発し、大小琉球（沖縄本島・台湾）を経て、浙江・福建・広東の海域に殺到していったのである。

だいたい、倭寇の航海にも、天命というものがあって、その時の風向き次第なのです。もしも北風だったら広東方面を犯し、東風だったら福建方面を犯す。東北風なら温州《うんしゅう》方面、東南風なら淮揚《わいよう》といった具合です。この時は二月のことでしたが、倭奴たちが船に乗って岸を離れると、東北風が大いに吹きつのり、つづけて数日吹き止まず、まっすぐに温州方面に向かって進みました。（中略）沿海の防備もおろそかで、幾隻かの船と、幾百の年をとった弱い兵士がいるにはいますが、みな防戦す

る力もなく、尻に帆かけて逃げてしまい、倭人どもは悠々と上陸して、おさだまりの放火殺人であります。（松枝茂夫氏訳）

さきにも引用した小説集『三言二拍』のなかの日本から中国沿岸に渡航したときの描写であるが、倭寇船団の航海はおおよそこのようなものと想像してまちがいあるまい。この時代は季節風に関する知識が豊富になり、航海は遣唐使船などと比べればきわめて安全なものとなっていた。早い場合は数日で東シナ海を一気に乗りきって中国の海岸に着いたのである。日本は、中国人（偽倭・仮倭・装倭）・ポルトガル人（仏狼機）・日本人（真倭）によって行なわれた国際的密貿易に格好な根拠地と構成員とを提供したのである。

日本の根拠地と中国の貿易基地とを結んだ東シナ海の沿岸地域はすべて倭寇の行動圏だったのである。

倭寇の貿易品

『日本図纂』『籌海図編』『日本風土記』には、倭を制するには倭の好むところを知らねばならぬとして「倭好」をあげている。「倭好」とはいうまでもなく当時において需要の多かった貿易品のことで、列記された品目はつぎの通りである。

糸《きいと》　絹織物を作るために用いられる。朝会・宴享にはかならず自分で織ったものを用いる。中国の絹紵はただ裏衣としてだけ用いる。船の往来がなければ織るべき糸はない。中国では一〇〇斤で銀五〇～六〇両のものが、日本ではその一〇倍の価格で取り引きされる。

糸綿《まわた》　冬の衣料として用いる。一〇〇斤の価が銀二〇〇両である。

布《あさぬの》　綿花なきため、常服として用いる。

綿紬　花様《もよう》に染めて正式の衣服として用いる。

錦繍　優人劇戯の用にあてる。

紅線《べにいと》　編んで鎧・兜を綴り、腰腹を束ね、刀帯・書帯・画帯などに用いる。一〇〇斤で銀七〇〇両である。

水銀　銅器を鍍《めっき》するのに用いる。価は中国の一〇倍。一〇〇斤で銀三〇〇両である。

針　女工が用いる。船の往来がとまれば、一針の価は銀七分になる。

鉄錬《くさり》　茶壺《ちゃがま》を懸けるのに用いる。日本の風習では、客が来て酒を飲んだのちには茶をする。すすり終わると茶壺をこれにかけ、物に着けないようにする。茶を重んじるからである。

鉄鍋　大鍋は日本では得がたい。一鍋の価は銀一両である。

磁器　花様をえらんで使用する。香炉には小竹節のあるのを尚び、皿には菊花の稜《かど》のあるのを尚び、碗には葵花の稜のあるのを尚ぶ。もし觚《かど》がなければ官窯の品でも喜ばない。

古文銭　日本には自国の鋳銭がないので、もっぱら中国の古銭を用いる。一〇〇〇文が銀四両である。福建私新銭ならば一〇〇〇文で銀一両二銭である。永楽・開元の二種は用いない。

古名画　小さいものを最も喜ぶ。書斎に懸け清雅となすのである。落款・私印のないものは、用いない。

古名字　書房の壁に用い、庁堂では用いない。

古書　五経では『書経』『礼記《らいき》』を重んじて『易経』『詩経』『春秋』は軽んじられる。四書では、『論語』『大学』『中庸』を重んじて『孟子』はにくまれる。仏教の経典は重んじられるが、道教のはない。もし古医書をみつければ、かならず買う。医を重んじるからである。

薬材　諸味はすべてあるが川芎《おんなかずら》だけはない。一〇〇斤で銀六七両である。これは最も得がたく最も高価なものである。つぎは甘草で一〇〇斤で銀二〇両である。

氈毯　青が貴ばれる。

馬背氈　王家は青を用い、官府は紅を用いる。

粉《おしろい》　女人が顔につける。

小食籮《めしかご》　竹糸で造り漆飾りしたもの。古いものが喜ばれ、新造のものは精巧であっても喜ばれない。

漆器　文机・古盒《はこ》・硯箱の三者が最も尚ばれる。盒子はただ菊花の稜のあるのを用い、円いのは用いない。

醋《す》

以上が倭寇活動を通じて中国から日本に輸入された物資のおもなものである。価格などが書いてあるところからも、倭寇の活動が単なる掠奪ではなく、私貿易・密貿易であったことがよくわかる。古文銭のところで永楽銭・開元銭は日本では用いられないように書いているのは誤りである。永楽銭が永高制のもととなる標準通貨であったことは冗言を必要とすまい。古書のところで『易経』『孟子』がにくまれたというのも興味ぶかい。『易経』『孟子』には革命思想がふくまれているゆえに尊重しないという風潮がこの頃すでに存在していたのである。『孟子』を載せた船は日本の神の意に合わず転覆するという伝えもあった。

「倭好」のなかには入れられていないが、鉄や硝石も倭寇の重要な需要品であった。種子島の鉄砲伝来後、日本各地で鉄砲が生産されるようになったが、日本の鉄はもろく、福建地方や暹羅《シャム》から鉄を輸入したという。また火薬のもととなる硝石も日本には産出しないので中国から買い、遠く暹羅まで足をのばして購入に行ったこともあったそうである。このことは『日本一鑑』に書いてあることである。これらの商品の対価はおおむね銀で支払われた。

倭寇の船

鄭若曾の『日本図纂』に書かれている倭寇の船に関する記事を引用しよう。『籌海図編』や『日本風土記』の記事もこれを踏襲しているにすぎない。

日本の造船は中国とことなり、かならず大木を用い、角材を取ってつなぎ合わせる。鉄釘は使わずただ鉄片をつらねるだけである。継目の水もりを防ぐには、麻縄や桐油は用いず短水草という草でふさぐ。労力と材とを要するので、大力量のものでなければたやすく造ることはできない。およそ中国に寇するものは、みなかの島の貧乏人だ。だからこれまで倭国が千百隻の船を造ったなどと伝えられているのはみな嘘である。

船は、大は三〇〇人、中は一〇〇〜二〇〇人、小は四〇〜五〇人か七〇〜八〇人の客を乗せることができる。その形は低く狭く、もし巨艦と遭遇したら、仰いで攻めることもむつかしく、沈没されそうになってしまう。それゆえ広東や福建の船はかれらから恐れられている。ことに広東船は舷側がけわしく垣のようなので、最も恐れられている。倭船の底は平らで浪をきることができない。その布帆は帆柱のまんなかにかけて、中国のようにかた寄せてなく、また帆柱はつねに取りはずすことができ、中国のが固定してあるのとはちがい、順風のときだけ使用し、無風・逆風にあえば、みな帆柱を倒して櫓をこぎ、帆の方向は変えることができない。だから倭船は一ヵ月以上かからなくては東シナ海を渡れない。いま易々と来るものがあれば、それは福建沿海の奸民が外海で船を買い、二重底をとりつけて渡ってきたものである。その船底はとがっていて浪をきることができ、横風や逆風をおそれず、使いやすい船で、数日にして中国沿岸に着くのである。（以下略）

平底の船体というのは和船独自の大板構造であり、起倒式の帆柱に横帆をかける帆走も和船の特質をよくあらわしている。鉄片をつらねるとあることにつき石井謙治氏は、棚板を結合する通り釘の平らな頭が並んでいるのをみてこのような表現をとったのだろうとしている。短水草も槙皮《まきはだ》の誤りであろうという。それに船底をわざわざ二重張りにしてとがらせ、ジャンクなみの凌波性や耐久性をもたせたというのも、本格的なジャンクを建造するのがそれほど困難ではなかったことから考えると疑問となる点である。倭寇の船は『倭寇図巻』に描かれたような中国式の船であったと考えるほうが自然であろう。

倭船の乗組人員に関する記事を中国側の史料からひろってみると、一隻二十余賊、一隻約倭七十余賊、一隻約倭二百余人、一船六〇~七〇人、毎船約五〇~六〇人、二隻百十余賊、二隻各賊約八百余人、三隻四〇~五〇人、六隻約倭三百余人などとある。最大は一隻四〇〇人、最小は一五~一六人となるが、大体二〇~三〇人から六〇~七〇人が倭寇の船の平均的な乗組員数であり、船の大きさもそれと見合ったものであったろうとおもわれる。

ババハンの意味

倭寇の船はバハン船ともよばれる。その乗員がバハン人とよばれることもあった。室町時代の中期にできた饅頭屋本の『節用集』にはすでに、バハンに、「番船」の字をあてた記載がある。一六〇三年（慶長八）日本ヤソ会が長崎書林で刊行した『日葡辞書』にもバハンのことがあげてある。Bafã は、日本以外の地すなわちシナその他の所へ略奪に行くこと、と説明し、Bafanbune には、他国へ略奪に行く盗賊の船、Bafanjin には、船で他国へ略奪に行く盗賊あるいは海賊、としている。江戸時代の『合類大節用集』では、「奪販」「八幡」の字をあてている。中国の諸書にみえる「発販」「破幡」「破帆」「八番」「波発」「白波」「彭亨」などもバハンと発音したようである。日本における当て字は、ほかに「謀叛」「婆波牟」などがあるが、用例としては「八幡」が最も多い。『松浦家文書』にある天正十七年（一五八九）の豊臣秀吉の朱印状では「八幡」を用いているが、それより一〇年後の『島津家文書』にある慶長四年（一五九九）の豊臣家五大老連署状では「ばはん」と平仮名で書いている。

バハンの語源については、八幡大菩薩に由来するとするものと、ポルトガル語や中国語などの外国語であろうとするものと、二つの考え方がある。バハンを八幡大菩薩に結びつけたのは、江戸時代享保四年（一七一九）にできた香西成資の『南海通記』で、倭寇のことを述べて「わが国の賊船はみな八幡宮の幟《のぼり》を立て、洋中に出て西蕃の貿易を侵して財産を奪った。それゆえその賊船を八幡船とよんだ」とした。八幡大菩薩の信仰は、天照皇大神や春日大明神などの信仰とともに当時の日本人のなかに定着していたから、海上に出る日本人が守り神として八幡大菩薩の幟を押したてたということは当然ありえたことである。現在大三島の大山祇《おおやまつみ》神社には、三島《みしま》水軍の旗と伝えられる旗があるが、それには伊勢大神宮・八幡大菩薩・三島大明神の三神の名が書かれている。しかしこれらの事例だけで、バハン＝八幡＝倭寇と短絡させることについては学界ではまだ賛成を得ず、定説とはなっていない。

バハンの意味も、最初は倭寇のことであったが、のちには海賊行為や、略奪行為一般をさし、さらに江戸時代では抜け荷《ぬに》（密貿易）をバハンとし、また長崎入港の唐船から積荷を陸揚げすることもバハンとよばれた。言葉は生きているというが、バハンはこのようにいろいろ意味を変化させながら用いられてきたのである。

6　中国人の見た一六世紀の倭寇と日本

倭寇の風俗

倭寇は裸か

「倭寇」ときくと、半裸でハダシ、大刀を肩にかついだ海のアラクレ男という姿を脳裏に思いうかべる人が少なくない。このような倭寇のイメージ作りに大きな役割を果したのが〔第1図〕である。この図は元禄六年（一六九三）に刊行された松下見林の『異称日本伝』のなかに載っているものであるが、明治・大正時代の歴史教科書の類には多く採用されたから、倭寇のイメージ作りのもとになったのである。松下見林以来三〇〇年も日本人の倭寇観に大きな影響をおよぼしつづけていたことになる。

『異称日本伝』では、この図の出典を『不求人全編』としていたが、倭寇研究家として著名な後藤秀穂氏は、それは誤りで実は『学府全編』という明代の百科全書からと

〔第１図〕『異称日本伝』の倭寇

ったものであることを明らかにした。〔第2図〕が『学府全編』巻一三の日本人である。この書物は、正しくは『鼎鍥崇文閣彙纂士民捷用分類学府全編』というもので、蛮夷諸民族の風俗を図示し、「日本国」としては「新羅国の東南の大海中にあり、山島に居住し、沿海のものは寇盗して生計をたて、中国では倭寇とよんでいる」と説明を加えている。左隣に描いてある大琉球国（沖縄本島）の人もハダシではあるが半裸ではない。倭寇はいかにも凶悪な存在らしく誇張して描かれている。『異称日本伝』の図がこれを忠実に模写したものであることは疑う余地がないが、日本人が描いたせいか人相はだいぶ温和になっている。

　後藤秀穂氏は諸文献を研究するうちに『学府全編』の倭寇図はいちじるしく実際とは異なっていることに思いいたり、自身で正確な倭寇像を絵にしようとした。〔第3図〕が後藤氏の考えた倭寇の想像図で、明治四十二年（一九〇九）六月の『風俗画報』に載った。後藤氏は「理屈の考証を土台として丸め上げるまでには、実際涙の出るほど苦心しました」と書いている。甲冑・陣羽織の乗馬の人物、法螺貝《ほらがい》・長槍・弓矢・日本刀をもった半裸の人物などが描かれ、文献によって知られる倭寇を画面にあらわそうとした努力のあとがみられる。大正三年（一九一四）の史学会大会の折には、この図をさらに修正したものを展示したというが、現在その所在は明らかにできない。修正図のほうにも裸の倭寇が登場していたそうで、後藤氏はのちに倭寇は裸ではなかったという論文を書いてこれを訂正した。残念なのは、後藤氏がその存命中に『倭寇図巻』をみる機会がなかったらしいことで、もしも後藤氏が『倭寇図巻』をみていたとしたら倭寇の風俗に関して、もっと具体的な見解が示されていたに相違ない。

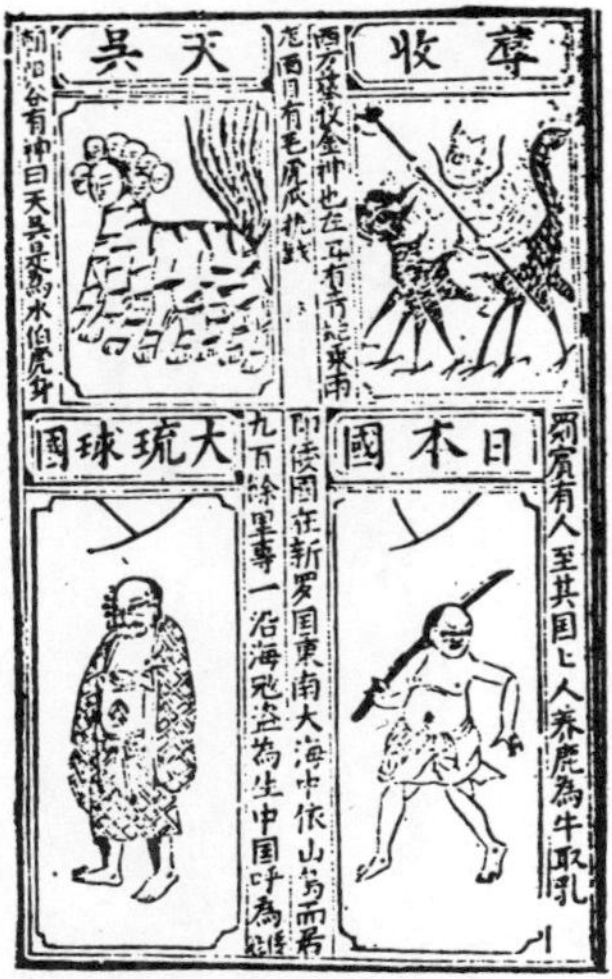

〔第２図〕『学府全編』の倭寇　（国立公文書館蔵）

『倭寇図巻』

『倭寇図巻』は、倭寇の風俗を描いた絵画史料として唯一のものといってもよい。東京本郷にあった書肆《しょし》文求堂が中国からもたらしたもので、東京大学が購入し、関東大震災にも第二次大

〔第３図〕後藤秀穂氏が考証した倭寇

戦にも災厄をまぬがれて、現在は史料編纂所が所蔵している。

旧題には「明仇十洲台湾奏凱図」とある。十洲は明代の著名な画家仇英の号。一六世紀前半に人物・鳥獣・楼閣・山水などに麗筆をふるった。しかし、この旧題は、おそらく後人がつけたもので、実は一七世紀呉派文人画の画工によって描かれたものを、さらにだれかが模写したものと推定される。また舞台が台湾であるというのも図巻の内容と一致しない。

縦三二センチメートル、全長五二二センチメートル、絹本着色の長巻である。画面は、倭寇船団の出現、上陸、形勢の観望、掠奪・放火、明人の退避、倭寇と明官兵との接戦、勝報、明官兵の出撃、という順序をおって展開する。日本の絵巻にみられるような物語り性をもった画面構成であるが、絵巻の詞書《ことばがき》に相当する部分はない。

1　倭寇船団の出現

図巻の導入部である。広い海洋中に三隻の船が配され、たくみな遠近法の使用によって距離と時間の経過を表現している。

船は七人から一〇人くらいが乗る平底の漁船式の小船で、艫《とも》の三人のうちの一人が楫《かじ》をとり、二人が櫓《ろ》をこいでいる。船上の人物は、いずれも頭を月代《さかやき》のように剃りあげ、浴衣のような単《ひとえ》の着物をつけ、ハダシである。帯は描いてなく、着付についての描写は曖昧である。帆柱が一本立ち、竹を斜めに蓆《むしろ》のように編んだ網代《あじろ》らしい帆を一枚あげ、中国風の旗をなびかせている。なお図巻のどこにも日本風の幟《のぼり》や旗はみられない。船中の武器は、弓・長槍・大蓬鏟・刀である。

2　倭寇の上陸

大小二隻の船があり、人物の描写も潑溂としている。大船のほうは『籌海図編』に海防用の船として載っている大福船とよく似ている。『籌海図編』の大福船の説明では「船は高大で、楼のごとく、一〇〇人乗せることができ、その底は尖っており、甲板は広く、船首は高くそそり立ち、ひろがっている」としてある。代表的なジャンク式兵船で、檣楼のついた三本のマストがあり、内部は四層になっていたという。

上＝倭寇船団の出現（『倭寇図巻』）
下＝漁船（『籌海図編』）

『倭寇図巻』の船が『籌海図編』の大福船とちがうところは、大福船が竹をならべた装甲なのに対して幅の狭い板をならべていることである。帆もジャンク特有の折りたたみ式の網代帆ではなく、日本式の筵帆のように巻いてある。これが写実であるとするならば、五島あたりで建造した倭寇船が材料の

上＝倭寇の上陸（『倭寇図巻』）
下左＝大福船。下右＝沙船（『籌海図編』）

関係で純粋のジャンク船にすることができず、莚帆を代用したと考えられなくもない。櫓はみえないから帆走を主としたものとおもわれる。

甲板上の人物は一六人で、長槍を立てているもの、日本刀を撫しているもの、弓に矢をつがえているものなどが描かれている。人物の大きさは船の大きさにくらべると誇張して大きく描いてある。

長槍をもった人物が三人いる。長槍については、日本の戦国時代に発達した長さ二〜三間の雑兵にもたせた長柄の槍を描いたとする見解もあるが、中国兵器の長鎗か標鎗とも考えられる。弓は、中国式の弩《いしゆみ》ではなく日本式のもので、中国の史料によると至近距離からの命中率はかなり高かったらしい。刀も日本刀を描いたもので、その切れ味のすばらしさは中国人も一様にみとめていた。

手前の船は中型の「沙船」とよばれたジャンクとよくにている。相違は甲板上に網代屋根の船室が二つおかれていることと、蓆帆のような帆があることである。船尾に長髪の二人の婦人が描かれているのが注目される。頭目の情婦のつもりで描いたのかもしれない。

上陸した倭寇の一人は日本風らしい兜と中国風の鎧（越兵盔甲とよくにている）をつけている。

形勢の観望（1）（『倭寇図巻』）

3　形勢の観望

上陸後の倭寇の動きが生き生きととらえられている。一人の肩の上に他の一人が立ち長槍を支えにして小手をかざしているもの、弓で白い鳥をねらうもの、両刀を頭上にふりあげているもの、弓の弦を張っているものなど、多少ユーモラスな筆致で戦闘開始前のいくぶんゆったりとした情景が描かれている。

この場面でとくに注目したいのは鉄砲をもった倭寇の存在である。鉄砲の普及度はまだ低かったらしく、図巻中鉄砲があるのはこの箇所だけである。明では西洋式鉄砲のことを形の上から鳥銃とか鳥嘴銃とよんだ。倭寇が手にしているものは、ほかに鎌型の槍、三刃の矛《ほこ》、偃月《えんげつ》刀

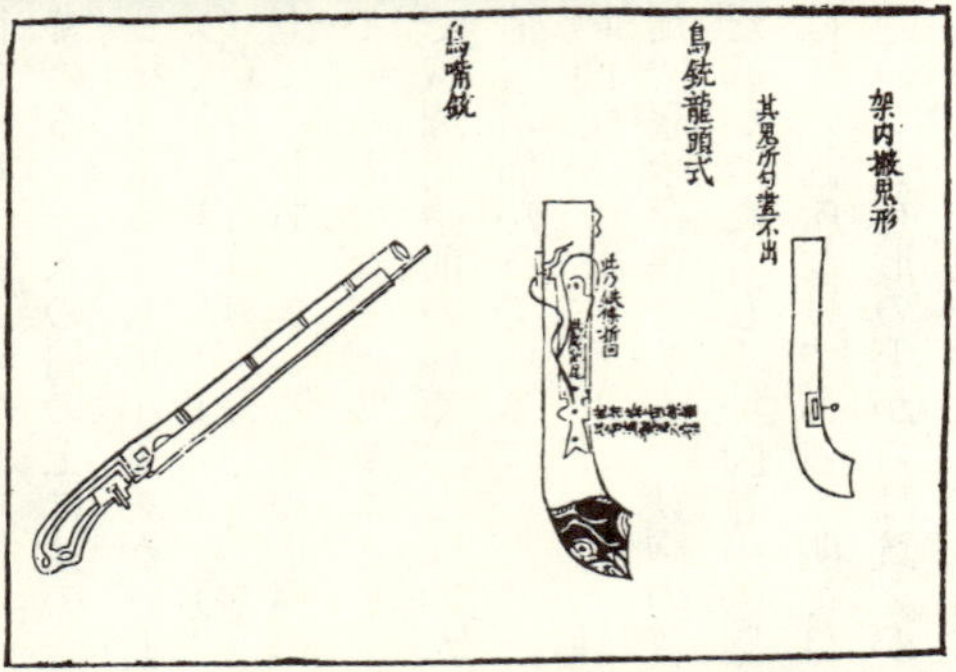

上＝形勢の観望（２）。下＝鳥銃と鳥嘴銃（『籌海図編』）

掠奪・放火（1）（『倭寇図巻』）

とよばれた薙刀《なぎなた》、法螺貝、扇子がある。法螺貝と扇子は集団行動をとる際の合図に用いられた。

なお、日本の扇子は当時中国人から愛好され、日本刀とともに重要な輸出品の一つであった。

4　掠奪・放火

布でつつんだ掠奪品を肩にかついで運ぶもの、弓らしいものを天秤棒《てんびんぼう》のように用いてそれに包みをさげて両側から二人でかつぐもの、宝物箱らしいものを二人がかりで肩にかつぐもの、箱を両手で重そうにかかえるものなどがあり、それにつづいて松明《たいまつ》のような道具で家に放火しているものがある。家は富貴の人の邸宅らしく豪壮で、描写は精緻で建物の細部にまでおよんでいる。

掠奪・放火（2）（『倭寇図巻』）

『倭寇図巻』と直接関係はないが、倭寇の残虐行為として伝えられるものについて一言しておこう。代表的な記述は徐学聚《しゅう》の『国朝典彙』や鄭若曾の『籌海図編』にみえる。それによると、倭寇は官庫や民舎を襲って一空とし、少壮のものを捕虜とし、墓を発掘する。庶民を賊殺し、骸骨は山をなし、血は流れて河となる。嬰児《みどりご》を柱にくくりつけて、これに煮えたぎった熱湯をそそぎ、その泣く声を聞いて拍手してよろこぶ。孕婦《はらみおんな》を捕えれば、男をはらんでいるか女をはらんでいるか当てるのに酒をカケて勝負を争い、腹をさいてたしかめてから酒を飲む。その荒淫穢悪は言葉にあらわすことができないほどである。城野蕭条《しょうじょう》とし

退避する明人（『倭寇図巻』）

て過ぎるものは涕《なみだ》をおとす、と。この「縛嬰沃湯」「孕婦刳腹」は、鄭暁の『皇明四夷考』や涂山《とざん》の『明政統宗』にも同工異曲の記載があることから考えると、倭寇の残虐性を誇張宣伝するための固定化された表現であったようにもおもわれるのである。

しかし、すべての倭寇がこのような極端な残虐行為を常時一般に行なっていたわけではない。逆に明の官兵が賊を捕えてその腹をさいたという事例もあったのである。倭寇は掠奪行為のあいまに時には温情をみせることすらあったようである。

5　退避する明人

長袖・長髪の貴人らしい人物、裸の幼児、幼児の手をひく婦人、半裸の幼児を背負う下僕風の男、杖をひく傴僂《せむし》の男など、

倭寇と明官兵との接戦（『倭寇図巻』）

いる。

貴賤老若男女二三人の群像で、沓《くつ》や帽子が散乱している。

6　倭寇と明官兵との接戦

倭寇が得意としたのは蝴蝶陣・長蛇陣などの陸上戦法で、海上戦法ではない。この洋上接戦の図はおそらく画面の効果を考えたうえで採られたのであろう。

右方の倭寇船二隻は、漁船式の平底の小船で、それぞれ九人と一〇人の人員が乗りくみ、一隻のうち一人ずつが楫をとり、二人ずつが櫓をこぎ、一人は旗をひるがえした長槍を手にしている。武器は、長槍・弓矢・日本刀である。手前の船上には耳と足とに矢をうけて倒れるもの、口中に矢を射こまれているものがいる。水中に落ちた倭寇は七人、あるものは明兵の長槍に突かれ、あるものは逃れて泳ぎ、またあるものはまさに溺れようとしている。

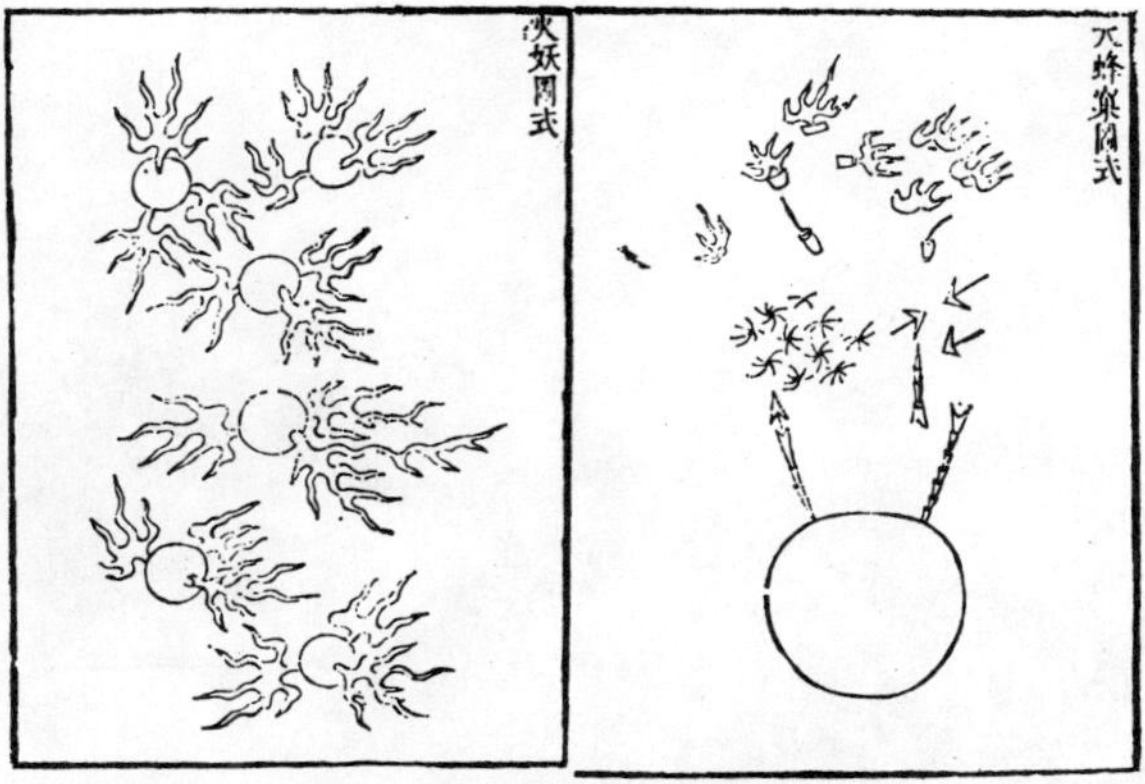

火妖と大蜂窠（『籌海図編』）

左方の明船二隻も倭寇船と同様の構造の船である。服装は、帽子や沓の細部まで正規軍らしく丁寧に描かれている。尻からげでハダシの倭寇とは対照的である。銅羅《どら》を手にしているのは指揮者かもしれない。艫《とも》に楯をおき、長槍・標槍・大蓬鏟等の槍を立てかけ、旗をひるがえしている。手前の船の旗には「護国救民」「第二哨」の文字がみえる。

武器には、長槍と弩《いしゆみ》のほかに、テニスボールくらいの大きさの球が円形の器に盛られて船の中央部においてある。手投げ式の爆弾ではないだろうか。中国では古くから火薬兵器が発達していて、明代では火器の主材料となる硝石は貿易上の禁制品であった。倭寇は密貿易でこれを手に入れてい

勝報（『倭寇図巻』）

た。『籌海図編』には「天墜砲」「地雷」「大蜂窠」「火妖」「火薬桶」「火磚」「飛天噴筒」等の火薬兵器を図示している。このテニスボール風のものは炸裂場面の描写がないので断言はできないが「火妖」と推測することができよう。

背景には、中国人の避難民の姿をこまかく描いている。水田のほとり、楊柳の下にたむろする人、鍋で物を煮て食べる人、幼児に乳房をふくませている婦人があり、一方では小舟に家族と家財を積んで洋上にのがれようとしているものもある。

7　勝報

馬に乗って「報捷」の旗をひるがえ

明官兵の出撃（『倭寇図巻』）

しながら疾駆してアーチ型の橋を渡ろうとしている明兵の姿がみえる。勝利の報告を本営にもたらす様子を描いたものである。橋の下からは前場面の明船二隻につづいて出撃する明船一隻がある。この船には、テニスボール風の武器が前の船の二倍くらい積んである。

8　明官兵の出撃

最後尾部の左上に「海防新堡」と書かれた堡塁の城門があり、そこから明兵が隊伍をととのえて出陣するありさまである。堡塁には三角旗がはためき、楼上からは二人の人物が隊列を見送っている。隊列には騎馬武者のほか背に丸に「兵」の字をつけた徒歩のものがいる。武器は、楯・剣・長槍・偃月刀・鎌槍などでほかに何種類かの旗が描いてある。

このような堡塁が設けられた地点は『籌海図編』にはくわしく図示されており、遺構のいくつかは現在でもまだ残っている。

中国人の日本認識の増大

『古今図書集成』と『異称日本伝』

倭寇の時代を経過することにより、中国人の日本認識は増大し一変した。現在世界最大の類書とされている『欽定古今図書集成』は、全一万巻からなる厖大なもので、中国の清代に編纂された。これをみれば清代以前の中国の書物の大略を知ることができるのである。日本に関する記事のあるのは第三三巻から第四〇巻にいたる八巻である。内容は、第三三巻に後漢から宋までの日本記事を収め、第三四巻に元と明の一部、第三五巻以後第四〇巻までの六巻はすべて明代の記事と詩文である。日本関係全八巻のうち六巻余が明代の書物で占められているわけで、明時代に中国人の日本認識が急激に増加したことをよく示している。いわゆる『魏志倭人伝』以後ほとんど変改されることがなかった中国人の日本観はこの時点で一変したといっても過言ではない。

一方、日本側で京都の儒医松下見林が諸外国の日本に関する文献を集めて編集した『異称日本伝』も、明代における日本認識増大の傾向は明らかに反映している。この書物には元禄元年（一六八八）の自序と同六年の刊記があり、上・中・下三巻、一五冊からなる。上巻は三冊で、漢から元まで、中巻が八冊で明代、下巻は四冊で朝鮮の文献を収めている。一五冊のうち八冊までが明代の文献であった。当時としては可能なかぎりの文献蒐集を行なったもので、その豊富な記事は江戸時代以後日本人の外国観形成に少なからぬ影響をもったとおもわれる。その一例は、さきに半裸の倭寇の図でみた通りである。ちなみに『異称日本伝』はのちに清の商人の手によって朝鮮に伝えられている。

『日本国考略』

明代日本研究書の先駆として注目されるのは定海薛俊《せつしゅん》の『日本国考略』である。内容は、日本地理図・沿革略・疆域略・州郡略・属国略・山川略・土産略・世紀略・戸口略・制度略・風俗略・朝貢略・寇辺略・文詞略・寄語略・評議略・上当道書略・防禦略、からなる。このうち沿革略から朝貢略までの部分は、おおむね中国歴朝の正史の日本伝（倭人伝）をそのまま写した記述が多いが、それ以外の記事には本書独特のものがみられる。日本地理図は中国で描かれた最古の日本地図の一種であり、寄語略には一五類三五八の日本語が漢字に音訳されて載せてあり、他の記事もいわゆる『魏志倭人伝』以来の日本認識をいちじるしく改めたものということができる。

刊行された年は嘉靖二年で、これは日本の大永三年（一五二三）であり、細川船と大内船の使者が抗争した寧波の乱の直後にあたっている。編者自身、寧波の乱を契機として本書を執筆したことを明示している。この本は初刊本から七年後の嘉靖九年（一五三〇、享禄三）に「国朝貢変略」を補遺につけて重刊された。嘉靖大倭寇の勃発と時期を同じくし、明における日本への関心がいよいよ高まったからであろう。ちなみに、この重刊本は朝鮮に伝えられ、嘉靖四十四年（一五六五、永禄八）朝鮮でも刊行された。朝鮮ではすでに『海東諸国紀』のようなすぐれた日本研究書をもっていたが、日本に関する知識はどんなものでも貪婪《どんらん》に吸収しようとしたのである。根底には、やはり倭寇に対する共通の恐怖心があったからであろう。この朝鮮の刊本は、のちに日本にも将来され、松平定信がこれを筆写させたことがあった。

『日本図纂』と『籌海図編』

嘉靖大倭寇の時代を迎えて中国人の日本研究もいよいよ本格的になった。

鄭若曾の『籌海図編』一三巻は、明代倭寇研究には不可欠の書物で、日本では江戸時代からこの書物が注目されていた。この『籌海図編』のもとになったのが、同じ鄭若曾の『日本図纂』で、嘉靖四十年（一五六一、永禄四）五月に成立した。このとき編者の鄭若曾は胡宗憲幕下の地理学者・経世家として名をなしていた。『日本図纂』の編纂のとき、参考書は『日本国考略』しかなく、鄭若曾は、材料の蒐集にあたって長年火掌（水夫）・擒獲倭党（捕えた倭寇）・貢臣（日本の使節）・被虜去人（倭寇に捕えられた人）・通事（通訳）・倭商などに聞き、さらに総督胡宗憲に質問したところ、宗憲より蔣洲・陳可願に尋ねるように指示され、その言を聞き、ようやく日本事情が明らかになったという。蔣洲・陳可願は日本に渡来し王直の誘引に成功した人物で、かれらのなまの体験と直接の見聞とが鄭若曾の研究の根源となったのである。

『籌海図編』が編纂されたのは『日本図纂』ができた翌年の嘉靖四十一年（一五六二）である。地図や典籍一三六種を参考にして作った大著だが、日本研究の部分の多くは『日本図纂』の記述をそのままうけつぎ、倭寇の動向や海防の方途などを付加したのである。この書物は倭寇研究の一種のバイブルであり、少なくとも四度改版され、きわめて広い範囲の読者をもった。後世への影響も大きく、鄧鐘の『籌海重編』、侯継高の『全浙兵制考』の付録にされた『日本風土記』、茅元儀の『武備志』、万尚烈の序がある『図書編』ほか多くの書物が『籌海図編』の記述を踏襲した。

『日本一鑑』

『日本一鑑』は鄭舜功が、嘉靖三十四年（一五五五、弘治元）から同三十六年まで、三年間豊後大友氏のところに滞在した日本生活の経験をもとに嘉靖四十四年に書いたものである。内容は、「窮河話海」九巻、「𫟉島新編」四巻、「桴海図経」三巻からなり、渡航の体験にはじまり、倭寇の動静や日本における歴史や地理についての見聞を細大となく百科全書風に書きつらねたもので、戦国時代の日本を知るうえにもすぐれた史料である。かれが認識した日本人は、廉恥《れんち》心が強く盗をにくむものであり、これを悪化させたのは中国の流逋《りゅうほ》であるという。また、日本人は武に秀でているとか、上下とも仏教を尊重するとか、文字を知り教養があるとか、美点を多くみとめ、衣食を安定させて倭寇を防ぐべきであるともしている。日本語については『下学集』や『節用集』を研究したらしく、慣用日本語にも注意をはらっている。『日本一鑑』にいたって、『日本国考略』以前の中国人の日本観は一変し、その日本研究は地に足のついたものとなったといってもよいのではなかろうか。

『日本風土記』

『日本風土記』は万暦二十年（一五九二、文禄元年）侯継高が撰した『全浙兵制考』

の付録とされたものである。編者はわからない。内容は『日本図纂』以下のものをそのままうけついだ部分が少なくないが、日本の文字・言語や詩歌・遊戯・習慣・風俗等に関心がむけられているのが特色といえよう。将棋は日本と中国ではかなり異なるが、わざわざ図でその指し方を示している類である。日本の和歌や小唄の発音をそのまま漢字で万葉仮名のように写し、それを漢訳しているものもある（図版参照）。『籌海図編』や『日本一鑑』にみられた、当面の海防のためという緊迫した気分はなく、むしろ日本の事物を知ることを楽しんでいるような印象さえうけるのである。

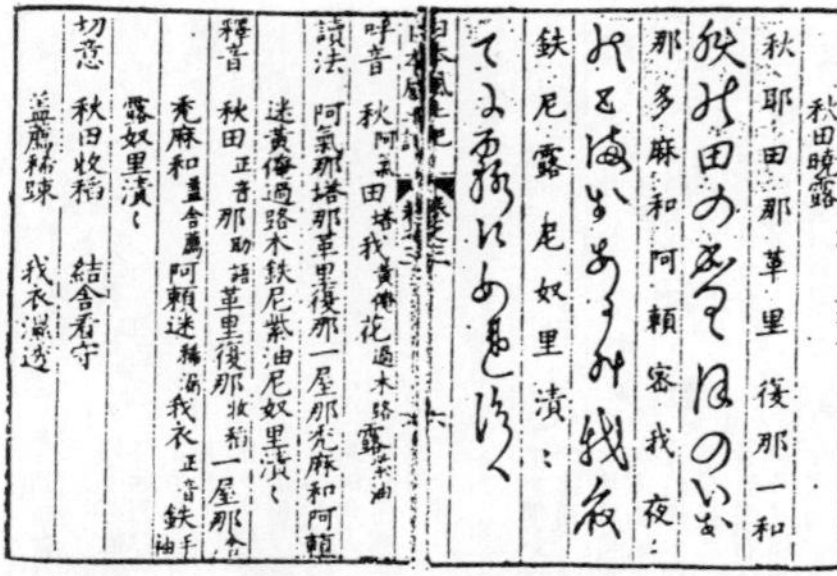
秋田暁露
秋耶田那革里後那一和
那多麻和阿頼客我夜こ
鉄尼露尼奴里瀆こ
呼音　秋阿気田塔我黄衛花過木路露茶油
読法　阿気那塔那革里後那一屋那尭麻和阿頼迷黄僞過路木鉄尼紫油尼奴里瀆く
釈音　秋田正音那助語革里後那妝稲一屋那尭麻和蓋含薦阿頼迷稀海我衣正音鉄手油露奴里瀆く
切意　秋田收稲　結舎看守　蓋薦稀踈　我衣濕透

『日本風土記』巻之三「秋田暁露」　日本の和歌の音に漢字をあて、呼音・読法・釈音・切意をつけたもの（国立公文書館蔵）

いくつかの日本の俗謡を紹介しよう。山歌《やまうた》（作業歌の一種）といわれる小歌で、当時の海の男が唄った歌を中国の知識人が漢字で日本語の発音の通りに書きとめたものであるが、現在の日本では伝わっていないものである。

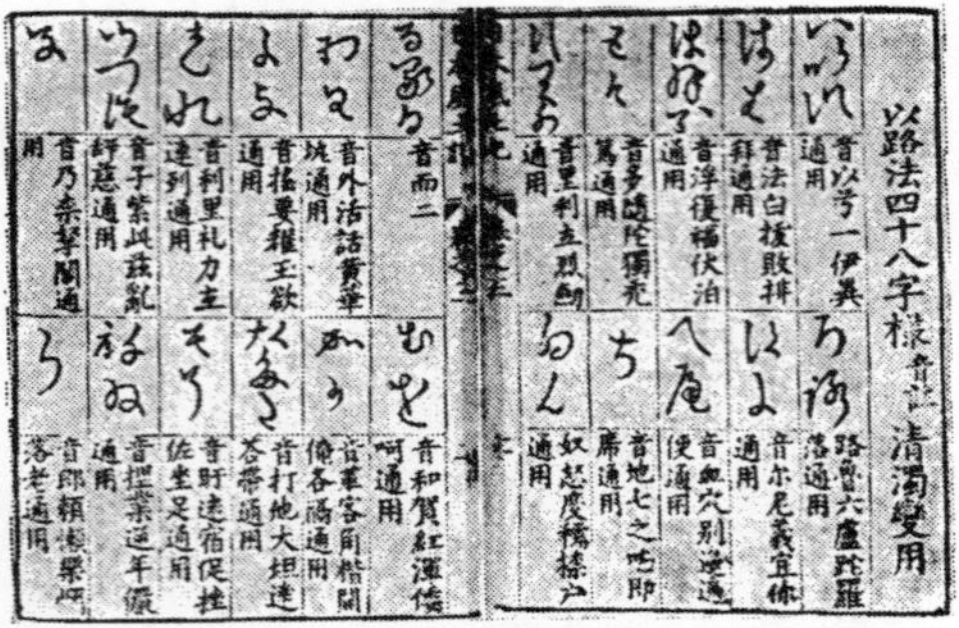

『日本風土記』巻之三「以路法四十八字様」（国立公文書館蔵）

いとしの殿や、おいとしの殿や、たまれ、弓肩よ、靭《うつぼ》いただかうに（夫婦妻接）

十五夜の月は、宵々曇れ、暁冴えよ、殿御もどそよの（月夜私情）

十七八と、寝て離るるは、ただ浮草の、水ばなれよの（少女別郎）

十七八は、ふたたび候か、枯木に花が咲き候かよの（青春嘆世）

いずれも切々とした哀歓の情を歌ったものである。なかには狂言や隆達節《りゅうたつぶし》の文句と共通のものもあり、室町時代歌謡資料としても注目されている。

以上のように、倭寇活動の時代を転機として中国人の日本および日本史に対する関心と理解とは急速に増大したのであるが、この時代につづく豊臣秀吉の朝鮮出兵以後、徳川政権の通交回復失敗、明朝の滅亡、清朝の興起等の事態のなかで中国人の日本に対する関心は次第に冷えてゆき、倭寇像は改められる機会を失い、中国内には正しく日本を認識しようという機運は明治以後にいたるまで生まれなかったのである。

なお渡邊三男氏が訳注した李言恭・郝杰撰『日本考』（大東選書）は、本書と同内容のものである。

高麗・朝鮮における倭寇の行動回数

西暦	日本年号	高麗王年	行動回数
一二二三	貞応　二	高宗　一〇	1
一二二五	嘉禄　元	〃　一二	1
一二二六	〃　二	〃　一三	2
一二二七	安貞　元	〃　一四	2
一二六三	弘長　三	元宗　四	1
一二六五	文永　二	〃　六	1
一二八〇	弘安　三	忠烈王　六	1
一二九〇	正応　三	〃　一六	1
一三二三	元亨　三	忠粛王　一〇	2
一三五〇	観応　元	忠定王　二	6
一三五一	〃　二	〃　三	4
一三五二	文和　元	恭愍王　元	7
一三五四	〃　三	〃　三	1
一三五五	〃　四	〃　四	2
一三五七	延文　二	恭愍王　六	4
一三五八	〃　三	〃　七	6
一三五九	〃　四	〃　八	4
一三六〇	〃　五	〃　九	5
一三六一	康安　元	〃　一〇	3
一三六二	貞治　元	〃　一一	1
一三六三	〃　二	〃　一二	1
一三六四	〃　三	〃　一三	10
一三六五	〃　四	〃　一四	3
一三六六	〃　五	〃　一五	3
一三六七	〃　六	〃　一六	1
一三六九	応安　二	〃　一八	1
一三七〇	〃　三	〃　一九	2
一三七一	〃　四	〃　二〇	1
一三七二	〃　五	〃　二一	10

作表にあたり、田村洋幸氏『中世日朝貿易の研究』を参考にした。

一三七三	応安　六	恭愍王　二二	3
一三七四	〃　七	〃　二三	11
一三七五	永和　元	辛禑王　元	7
一三七六	〃　二	〃　二	12
一三七七	〃　三	〃　三	29
一三七八	〃　四	〃　四	22
一三七九	康暦　元	〃　五	15
一三八〇	〃　二	〃　六	17
一三八一	永徳　元	〃　七	19
一三八二	〃　二	〃　八	12
一三八三	〃　三	〃　九	24
一三八四	至徳　元	〃　一〇	12
一三八五	〃　二	〃　一一	12
一三八七	嘉慶　元	〃　一三	4
一三八八	〃　二	〃　一四	11
一三八九	康応　元	辛昌王元・恭譲王元	11
一三九〇	明徳　元	恭譲王　二	1
一三九一	〃　二	〃　三	2

西暦	日本年号	朝鮮王年	行動回数
一三九二	明徳 三	太祖 元	2
一三九三	〃 四	〃 二	10
一三九四	応永 元	〃 三	14
一三九五	〃 二	〃 四	5
一三九六	〃 三	〃 五	13
一三九七	〃 四	〃 六	11
一三九九	〃 六	定宗 元	11
一四〇一	〃 八	太宗 元	4
一四〇二	〃 九	〃 二	5
一四〇三	〃 一〇	〃 三	8
一四〇四	〃 一一	〃 四	6
一四〇六	〃 一三	〃 六	12
一四〇七	〃 一四	〃 七	6
一四〇八	〃 一五	〃 八	7
一四〇九	〃 一六	〃 九	2
一四一五	〃 二二	〃 一五	1
一四一七	〃 二四	〃 一七	1
一四一八	〃 二五	〃 一八	1
一四一九	応永 二六	世宗 元	7
一四二一	〃 二八	〃 三	3
一四二二	〃 二九	〃 四	4
一四二三	〃 三〇	〃 五	1
一四二四	〃 三一	〃 六	2
一四二五	〃 三二	〃 七	2
一四二六	〃 三三	〃 八	5
一四二八	正長 元	〃 一〇	1
一四三〇	永享 二	〃 一二	1
一四三三	〃 五	〃 一五	3
一四三六	〃 八	〃 一八	1
一四三七	〃 九	〃 一九	1
一四三八	〃 一〇	〃 二〇	1
一四四〇	〃 一二	〃 二二	1
一四四二	嘉吉 二	〃 二四	1
一四四三	〃 三	〃 二五	2

明における倭寇の行動地域と行動回数

西暦	日本年号		明年号	遼東	山東	江南北	浙江	福建	広東	合計
一三六九	正平二四	応安二	洪武二		1	4	2		1	8
一三七〇	建徳元	〃三	〃三		1		1	1		3
一三七一	〃二	〃四	〃四		1		1		1	3
一三七二	文中元	〃五	〃五				1	2		3
一三八〇	天授六	康暦二	〃一三						1	1
一三八三	弘和三	永徳三	〃一六				1			1
一三八四	元中元	至徳元	〃一七				2			2
一三九〇	〃七	明徳元	〃二三				1			1
一三九一	〃八	〃二	〃二四				1		1	2
一三九三	明徳四		〃二六				1			1
一三九四	応永元		〃二七	1			1			2
一三九八	〃五		〃三一		1		1		1	3
一四〇一	〃八		建文三				2			2

作表にあたり、陳懋恒氏『明代倭寇考略』を参照した。

年代			行動の地域と回数						
西暦	日本年号	明年号	遼東	山東	江南北	浙江	福建	広東	合計
一四〇四	応永一一	永楽二			1	2			3
一四〇六	〃　一三	〃　四		6				1	7
一四〇九	〃　一六	〃　七		1					1
一四一〇	〃　一七	〃　八					1		1
一四一一	〃　一八	〃　九	1			2		1	4
一四一三	〃　二〇	〃　一一				2			2
一四一五	〃　二二	〃　一三			1				1
一四一六	〃　二三	〃　一四		1	1				2
一四一七	〃　二四	〃　一五				1			1
一四一八	〃　二五	〃　一六			1	1			2
一四一九	〃　二六	〃　一七	1						1
一四二〇	〃　二七	〃　一八				1			1
一四二一	〃　二八	〃　一九						1	1
一四二三	〃　二九	〃　二〇				3			3
一四二四	〃　三一	〃　二二				1			1
一四二九	永享元	宣徳四					1		1

一四三三	永享　五	宣徳　八						1	1
一四三九	〃　一一	正統　四				3			3
一四四〇	〃　一二	〃　五		1					1
一四四二	嘉吉　二	〃　七				4			4
一四四六	文安　三	〃　一一				1			1
一四五五	康正　元	景泰　六				1			1
一四六六	文正　元	成化　二				1		1	2
一四九一	延徳　三	弘治　四						1	1
一五一五	永正　一二	正徳　一〇		1					1
一五一七	〃　一四	〃　一二						1	1
一五二三	大永　三	嘉靖　二				1			1
一五二四	〃　四	〃　三				1			1
一五三三	天文　二	〃　一二				1			1
一五三四	〃　三	〃　一三						1	1
一五三五	〃　四	〃　一四						1	1
一五四〇	〃　九	〃　一九				1	1		2
一五四二	〃　一一	〃　二一				1			1
一五四五	〃　一四	〃　二四				1			1

年代			行動の地域と回数						
西暦	日本年号	明年号	遼東	山東	江南北	浙江	福建	広東	合計
一五四八	天文一七	嘉靖二七				1	1		2
一五四九	〃一八	〃二八					1		1
一五五〇	〃一九	〃二九				1			1
一五五一	〃二〇	〃三〇			1	1			2
一五五二	〃二一	〃三一		1	1	10	1		13
一五五三	〃二二	〃三二			27	32	4	1	64
一五五四	〃二三	〃三三			56	33		2	91
一五五五	弘治元	〃三四		2	57	38	4		101
一五五六	〃二	〃三五		2	33	26	7		68
一五五七	〃三	〃三六			17	1	6	1	25
一五五八	永禄元	〃三七				9	12	11	32
一五五九	〃二	〃三八			12	10	25	9	56
一五六〇	〃三	〃三九					11	4	15
一五六一	〃四	〃四〇				4	17	1	22
一五六二	〃五	〃四一					20		20
一五六三	〃六	〃四二					14	4	18

一五六四	永禄七	嘉靖四三					3	2	5
一五六五	〃八	〃四四			1		1	1	3
一五六八	〃一一	隆慶二						2	2
一五六九	〃一二	〃三						4	4
一五七〇	元亀元	〃四						1	1
一五七一	〃二	〃五						5	5
一五七二	〃三	〃六						3	3
一五七四	天正二	万暦二				1		2	3
一五七五	〃三	〃三						1	1
一五七六	〃四	〃四				1		2	3
一五八〇	〃八	〃八				1		1	2
一五八二	〃一〇	〃一〇				1		1	2
一五八八	〃一六	〃一六				1			1
一五九三	文禄二	〃二一		1					1
一六〇一	慶長六	〃二九					4		4
一六〇三	〃八	〃三一						1	1
一六一六	元和二	〃四四					1		1
一六一八	〃四	〃四六						1	1

参考文献

明治時代以後、昭和五十四年頃にいたるまでに発表された著書・論文をあげた。

著書については、刊行年の順にしたがって配列し、内容の概略がわかるように目次や収録論文名をそえた。なお同一の書で改訂版のあるものはそれをあげた。

論文は、執筆者別にして、五十音順に配列した。雑誌掲載の論文でのちに著書に収められたものは重複をさけていちいちあげなかった。

概説書・啓蒙書・辞典類にも倭寇関係の記述は少なくないが、それらは省略した。また、中国・朝鮮・アメリカなどの外国で刊行された著書・論文も主要なもの以外は割愛した。

著書

外務省『外交志稿』（外務省記録局　明治十七年）

交聘篇（朝鮮、漢土、渤海、西南諸国、欧羅巴諸国及亜米利加）、戦争篇（朝鮮、漢土、粛慎、西南諸国、欧羅巴諸国）、版図沿革篇（朝鮮）、漂流篇（朝鮮、漢土、粛慎渤海満洲及露国東部、西南諸国、欧羅巴及亜米利加）、帰化移住篇（朝鮮、漢土、西南諸国、欧羅巴諸国及亜米利加）、学術宗教篇（朝鮮、漢土、印度及西南諸国、欧羅巴及亜米利加）、贈酬篇（朝鮮、漢土、渤海、西南諸国、欧羅巴及亜米利加）、貿易篇（朝鮮、漢土、西南諸国、欧羅巴及亜米利加）、年表第一〜第五

菅沼貞風『大日本商業史』（東邦協会　明治二十五年）

総論、巻一太古の時代、巻二上古の時代（遣唐使並に其廃止後の時代）、巻三中古の時代（海賊の時代）、巻四近古の時代（欧洲貿易の時代）上、巻五近古の時代（欧洲貿易の時代）中、巻六近古の時代（欧洲貿易の時代）下、引用文献

附　平戸貿易史、附載　菅沼貞風君伝（福本日南）、菅沼貞風君手柬

＊本書は、昭和十五年に同氏の『変小為大転敗為勝新日本の図南の夢』を追加して岩波書店より再刊。

星野恒『史学叢説　第一集』（冨山房　明治四十二年）

海賊ノ顛末ト海軍ノ沿革（南北朝以後海軍ヲ海賊ト称セシコト、奈良朝以後内地ノ海賊、南北朝以後海賊（倭寇）ノ朝鮮侵掠、同上海賊ノ明国侵掠、釜熬《かまいり》ノ刑、勘合印、バハン船、神代以来船舶ノ製造ト海線、船ヲ何丸ト称スルコト）、他

日本歴史地理学会『日本海上史論』（三省堂　明治四十四年）

日韓交通の概要（幣原坦）、古代日支の交通（喜田貞吉）、王朝の海賊（喜田貞吉）、日宋の交通（黒板勝美）、源平二氏の交戦（大森金五郎）、文永弘安の役（大森金五郎）、海賊と関船（久米邦武）、日明の交通と海賊（渡辺世祐）、江戸時代初期の海外交通（辻善之助）、鎖国とは何ぞや（内田銀蔵）、世界大勢の推移と開国（内田銀蔵）、江戸時代の海運事業（藤田明）、幕末海防論の発達（横山達三）、四国聯合艦隊下関砲撃実見講話（粟屋正臣）、海の歴史と日本海々戦（小笠原長生）、日本群島（小川琢治）、人文地理学上より見たる島帝国（寺田貞次）

三浦周行『日本史の研究』（岩波書店　大正十一年）

天竜寺船、室町幕府の外交事情、長崎開港始末、元寇、鎌倉時代の外征計画、応永の外寇、朝鮮の「倭寇」、豊太閤の対外的壮図と其敗因、征西将軍宮、朝鮮最古の地理誌、老松堂日本行録、他

新村出『船舶史考』（更生閣　昭和二年）

船の丸号、八幡船考、蘭船エラスムス丸と貨狄舟

＊本書は『新村出全集　第十巻』（筑摩書房　昭和四十六年）に収録されている。

三浦周行『日本史の研究　第二輯』（岩波書店　昭和五年）

日明貿易の発展、足利義満の対明外交、足利義持の対明外交、古代日鮮関係史、足利時代日本人の居留地たりし朝鮮三浦、新井白石と復号問題、日鮮離合の跡を顧みて、応永外寇の真相、朝鮮役、港湾の研究、他

辻善之助『増訂海外交通史話』（内外書籍株式会社　昭和五年）

日本文明の特質、上代の日支交通、任那の興廃、聖徳太子の外交、日唐交通、遣唐使と国民元気の萎縮、高岳親王、渤海との交通、日本文化の逆輸入、日宋交通、宋文化の影響、源平時代より鎌倉時代に至る国民の自主観念、鎌倉幕府の外征計画と国民の敵愾心、元明交通と倭寇、懐良親王の対外硬と足利義満の国辱外交、足利幕府の卑屈と国民の自覚、八十七歳の遣明使僧了菴桂悟、元明文化の影響、室町時代地方大名の外国貿易と朱印船の起源、十三歳の特派大使、豊臣秀吉の耶蘇教禁制、豊臣秀吉の支那朝鮮征伐の原因、朝鮮陣と国語問題、豊臣秀吉の南方経営、蒲生氏郷の羅馬遣使について、朝鮮との修交と当局者の失態、徳川家康の海外交通、江戸時代に於ける台湾及び非律賓遠征の企図、有馬晴信の黒船撃沈、浜田弥兵衛、末吉船、南洋の日本人町、徳川家康の耶蘇教禁制、鎖国とその得失、徳川家光の支那侵略の雄図と国姓爺、江戸時代に於ける支那文化の影響、西洋文明の影響、鎖国中の西洋交通と開国の気運、開国思想の発展と西洋文化の移植

複製本『倭寇図巻』（古兵書図録刊行会　昭和五年）

〔解説〕東京帝国大学蔵倭寇図巻記（辻善之助）

藤田豊八『東西交渉史の研究　南海篇』（岡書院　昭和七年）

狼牙脩国考、唐宋時代南海に関する支那史料、室利仏逝三仏斉旧港は何処か、ユール氏註マルコ・ポーロ紀行補正二則、大小葛蘭考、前漢に於ける西南海上交通の記録、欧勢東漸初期に於ける海外の日本人、南漢劉氏の祖先につきて、イブン・コルダベーのカントウに就て、宋元時代海港としての杭州附上海・膠州、宋代の層檀国について、宋代の市舶司及び市舶条例、南蛮来襲につきて、琉求人南洋通商の最古の記録、葡萄牙人澳門占拠に至るまでの諸問題、宋代輸入の日本貨につきて、象、棉花棉布に関する古代支那人の知識、支那に伝ふる二三の myth につきて、榻及び毾㲪氍毹につきて、支那港湾小史、葉調・斯調・私訶条につきて、仏徒の印像につきて、南海地図

黎光明『嘉靖禦倭江浙主客軍考』（燕京学報専号之四）（哈仏燕京学社　民国二十二年（昭和八年））

上編（因沿海衛所之軍腐敗――故不能不調客軍禦倭――当日調到客軍之概況――客軍統制方法之建議――客軍擾害之一班――停止調兵之時論――団練郷兵之辨法与成效――軍餉之籌支与之理之人物）、下編（狼兵、土兵、北方兵、南方兵、僧兵、水軍、其他雑軍）、附録（厳家兵考）

陳懋恒『明代倭寇考略』（燕京学報専号之六）（哈仏燕京学社　民国二十二年（昭和八年））

倭寇之来源、倭寇猖獗之原因、沿海各省之倭禍、倭寇之首領、倭寇之伎倆、倭寇之戡定

＊本書は昭和三十二年に北京人民出版社より再刊された。

稲葉岩吉『日麗関係』（岩波講座日本歴史）（岩波書店　昭和九年）

無交渉時代、寺院文化、刀伊及び女真、蒙古襲来（蒙古の半島覇制、忽必烈即位とその国情、征東は伐宋の牽制）、倭寇、余説及び其他

秋山謙蔵『日支交渉史話』（内外書籍株式会社　昭和十年）

古代の日支交渉、仏教の伝来と金光明経、金光明経と国分寺の創建、日唐貿易と竹取物語、アラビヤ商品

と平安貴族、日宋貿易と鸚鵡の伝来、西域遊戯の東漸と武士階級、徒然草と支那銭の流通、朝鮮使節の観たる中世日本の商業と海賊、日明貿易と日本国王、琉球王国の勃興と仏教、爪哇船の渡来と象の伝来、おもろさうしと万葉集、朝鮮王国の勃興と貿易、朝鮮史料に遺る応永の外寇、ポルトガル人のマラッカ占拠とゴーレス、琉球人の南海発展とゴーレス、ゴーレスと琉球人、倭寇の支那人掠奪と謡曲唐船、狂言に遺る日本女性と支那人の結婚、欧人の台湾島発見と琉求、支那使節の琉球訪問と隋書流求伝、流求は台湾か琉球か、支那人の海寇、倭寇と支那人の中華思想、尚賢王所献青銅華瓶と東照宮、鎖国前後に於ける日支交渉の一面、英雄不死伝説と東亜諸国の情勢、女真船の来航と華夷訳語、ばはん船・八幡船・倭寇、支那人の画く日本地図の変遷、支那人の日本研究

瀬野馬熊『瀬野馬熊遺稿』（昭和十一年）
倭寇と朝鮮の水軍、正統四年桃渚の倭寇に就いて、今川大内二氏と朝鮮との関係、正統癸亥約条に就いて、他

藤田元春『日支交通の研究中近世篇』（冨山房　昭和十三年）
元明時代の交通、シラの島及びゴーレス、琉球と南越、室町時代の遣明使、明人の日本地理、元和航海記航路の研究、御朱印船時代を語る古地図と地理書、暹羅国行程及海路考、徳川光圀の北地探検と其船、日本海に於ける造船の発達、日本人の用いた航海用早鍼盤

秋山謙蔵『日支交渉史研究』（岩波書店　昭和十四年）
〔序説日支交渉史研究の回顧と展望〕日支交渉史の意味、日支交渉史研究の回顧、日支交渉史研究の諸傾向、日支交渉史研究の展望、〔前論欧人渡来以前の東洋に見る日本人の活躍〕第一篇日本人の南方発展と豊臣秀吉の雄図（豊臣秀吉の雄図、秀吉以前の南方発展、秀吉以前の朝鮮貿易、秀吉以前の支那進出）、第二篇欧人の東洋進出と日本人の活躍（日本人とアラビヤ人の協力、欧羅巴人の東洋進出）、〔本論日支交

渉の進展〕序篇東洋海上貿易の展開と支那（アラビヤ人の東方進出、支那貿易商人の擡頭）、第一篇大化改新前後の日支交渉（遣隋使と大化改新、改新政治の進展と遣唐使）、第二篇律令政治の動向と日支交渉（律令政治の動向と遣唐使、新羅商人の渡来と日支貿易、支那商人の渡来と日支貿易、渤海商人の渡来、日支貿易の進展と大宰府商人の擡頭、遣唐使の廃止）、第三篇平安貴族の生活と日支交渉（遣唐使廃止以後の日支貿易、平安前期の貴族生活と日支貿易、王法仏法の祈禱と日支交渉、平安末期の貴族生活と日支交渉、国内産業の発達と日支交渉の転換）、第四篇鎌倉武家の生活と日支交渉（鎌倉幕府創設前後の世相と日支交渉、支那銭流通の拡充、借上——高利貸商人の擡頭、御家人——鎌倉武士団の動揺、百姓——農民層の窮乏、社会不安の増大、新仏教運動の進展と日支交渉、元寇と国民精神の昂揚）、第五篇建武中興前後の日支交渉（元寇以後の国内事情と日支交渉、建武中興前後の世相と日支交渉、倭寇の進出と農民の掠取、倭寇の禁圧と貿易の調整）、第六篇室町期の日支交渉と倭寇（朝鮮人及び支那人の送還と貿易の展開、対外貿易の展開と大名の成立、室町幕府の対支交渉、対支貿易に於ける細川氏と大内氏の抗争、勘合貿易と密貿易、朝鮮——琉球——南方諸国の交渉、倭寇の活躍と密貿易、支那人の日本再認識）、〔結論〕鎖国——開国——東亜協同体、索引

竹越与三郎『倭寇記』〔増補版〕（白揚社　昭和十四年）

一倭寇記概説、二倭寇東洋全体に波及す、三海外に於ける日本人の広布、四マドロシズム、五若し国家の後援ありせば、六足利時代に於ける幕府寺院大侯商民聯合の外国貿易

王婆楞『歴代征倭文献考』（正中書局　民国二十九年〔昭和十五年〕）

徳化倭人時代（周、秦、漢、三国、晋、南北朝）、倭人向化時代（隋、唐）、倭人擕貳時代（五代、宋）、武力征倭時代（元上、元下）、勘平倭患時代（明上、明下）、歴代征倭制議（制、議）

小葉田淳『中世日支通交貿易史の研究』（刀江書院　昭和十六年）

日明交渉の開始と明の海外通交政策、遣明船の往来（上）明使船の来朝、遣明船の往来（中）、遣明船の往来（下）、遣明船の経営及び組織、明の諸制度、遣明船貿易、日明交渉の新展開、索引

岡本良知『十六世紀日欧交通史の研究』〔増訂版〕（六甲書房　昭和十七年）

第一編ポルトガル人渡来以前日本との交渉（発見航海黎明期に於ける日本に関する意識、印度及び支那に於けるポルトガル人と日本人との接触）、第二編ポルトガル人エスパニヤ人の日本航通（ポルトガル人の日本初来、ポルトガル船の日本航海、支那に於けるポルトガル人の貿易港の推移、ポルトガル・エスパニア船年次来往考）、第三編ポルトガル人の日本通商（貿易港の移動と日本諸勢力者との関係、日本貿易、長崎の住民とその社会状態、日本人奴隷輸出問題）、増補及訂正、引用書名目録、索引

高木真太郎『応永外寇の前後——中世の日鮮交渉——』（八木書店　昭和十七年）

序説、海寇と高麗、李朝建国当初の日鮮関係、応永外寇、日鮮関係の一転、嘉吉条約、日鮮貿易の推移、結び

登丸福寿・茂木秀一郎『倭寇研究』（中央公論社　昭和十七年）

第一篇（序説、倭寇概論、支那に於ける倭寇の盛衰、中支の倭変）、第二篇（倭寇防遏のための外交工作、海上の防禦策、海浜の防禦策、内陸の防禦策、軍隊の編成装備）、第三篇（明朱紈の海禁と浙江財閥の発生、倭寇と華僑との関係、倭寇と抗日宣伝）、附録（倭寇の誘導者汪直・徐海の最後（期）、参考文献及び史料、明倭寇史蹟表一、同二、倭寇大事年表）

小葉田淳『史説日本と南支那』（野田書房　昭和十七年）

歴史上より観たる我が国と福建との関係、明代漳泉人の海外通商発展——特に海澄の餉税制と日明貿易に就いて——、福建人と近代の日支交渉——特に文化に貢献したる人々——、福州柔遠駅について、歴史上より観たる我が国と潮汕地方との交渉、海南島外国貿易史、海南島外国貿易史補説、応永年間来航の南蛮

船に関する一文書、砂糖の史的研究に就いて
西村真次『日本海外発展史』（東京堂　昭和十七年）
原始時代（移住民の血液混淆、大陸文化の吸収）、摂取時代（三韓の服属及び離反、隋唐及び渤海との交通、宋国との通商、文永弘安の役）、侵寇時代（「倭寇」の発生、懐良親王の硬的外交、足利政府の軟的外交、倭寇遂に高麗を滅す、半賊半商主義の朝鮮貿易、明に対する恐嚇的貿易、八幡船の侵掠、文禄の朝鮮征伐、慶長の朝鮮征伐）、貿易時代（基督教の渡来、少年使節の欧洲派遣、豊臣秀吉の南方経営、徳川家康の外交、伊達政宗使節を欧洲に派遣す、御朱印船、比律賓の日本町、暹羅に於ける日本人、安南占城柬埔寨貿易、台湾と日本人、媽港の邦人虐殺、国権拡大運動）、鎖封時代（禁教令と鎖国令、江戸幕府の自給自足、開国思想と萌芽）、索引
村田四郎『八幡船史』（草臥房　昭和十八年）
水の児、第一期自然の発作（内海賊の歴史）、第二期外寇の反動、第三期内訌の余波（高麗と八幡船、八幡船年表一、明と八幡船一、八幡船年表二）、第四期慣性運動（朝鮮と八幡船、八幡船年表三、明と八幡船二、八幡船年表四、琉球と八幡船、南洋と八幡船）、第五期掉尾の一振（八幡船年表五、八幡船と支那戯曲、八幡船と文学、海賊衆と諸雄、八幡船の本営と其の進退、八幡船の称呼に就いて、八幡船と士道、日本刀、八幡船時代の通商、八幡船が説明する日本国民性）
市村瓚次郎『東洋史統　巻三』（冨山房　昭和十八年）
第七章蒙古・高麗の末勢　倭寇の勃発　安南の事情、第九章北虜南倭の侵寇及び安南・緬甸の形勢　明の国内事情、第十章朝鮮の隆替及び日・鮮・明の関係、他
宮崎市定『日出づる国と日暮るる処』（星野書店　昭和十八年）
留唐外史、倭寇の本質と日本の南進（明の海禁とその由来、市舶司貿易の推移、私貿易の根拠地、沿岸貿

易に対する大弾圧、王直の調停失敗に帰す、入寇の動機は何か、貿易根拠地の南進、擾乱の中心閩粤に移る、海市を認む可きかの論争、知日派の政客鄭舜功、御朱印船時代へ）、江戸時代に於ける支那趣味、雷を天神といふこと、巴里にて刊行せられたる北京版の日本小説其の他、支那の開国と日本――支那的体制と日本的体制――

＊本書は同氏の著作集『アジア史論考　上』（朝日新聞社　昭和五十一年）に収録されている。

秋山謙蔵『東亜交渉史論』（第一書房　昭和十九年）

第一篇昔の大東亜圏Ⅰ（ビルマの孔雀、蒙古の駱駝、広東の鸚鵡、洛陽の獅子、印度の象）、第二篇昔の大東亜圏Ⅱ（ジャワの香料、波斯の波羅、呵梨勒伝来、南蛮の煙草、マラッカのゴーレス）、第三篇昔の大東亜圏Ⅲ（女真船漂着、朝鮮使節来朝、支那の花瓶、琉球の宗教、ばはん船と八幡船、台湾島発見、支那の海賊）、第四篇支那史上の日本観（中華思想と夷狄思想、古代の日本観、大化改新前後の日本観、奈良平安期の日本観、元寇前後の日本観、中華思想の昂揚と日本観、中華思想の動揺と日本観、支那人の日本研究）、第五篇今の大東亜圏（アジアの変貌、大東亜建設前篇、大東亜建設後篇）、索引

石原道博『東亜史雑考』（生活社　昭和十九年）

大東亜共栄圏と「倭寇」、閩粤攻略の「倭寇」、海南島攻略の「倭寇」、禦侮儲言に見えたる「倭寇」、南海の「倭寇」、他

新村出『新村出選集　第二巻　南蛮篇　坤』（養徳社　昭和二十年）

日本文学の海賊趣味、海賊の話、八幡船時代の俗謡、他

＊これらの論文はもと『続南蛮広記』『南蛮記』『南蛮更紗』に収められていたもので、『新村出全集　第五巻』（筑摩書房　昭和四十六年）に収録されている。

青山公亮『日麗交渉史の研究』（明治大学文学部研究報告東洋史第三冊）（明治大学文学部文

学研究所　昭和三十年）
第一章緒論（附説、西紀第十九世紀後半以前に於ける日鮮交渉史の時代区分）、第二章高麗国よりの来牒に対する日本政府の態度、第三章通商関係の一斑、第四章高宗朝及び元宗朝に於ける彼我の葛藤、第五章文永の役に対する高麗の態度、第六章弘安の役に対する高麗の態度、第七章倭寇の生起に関する一二の考察（附説、海賊が劫略を続けた事由に就いて）、第八章恭愍王朝に於ける彼我の関係、第九章麗末特に前廃王朝に於ける倭寇の内陸東入に就いて、第十章前廃王朝以降に於ける彼我の外交、あとがき

木宮泰彦『日華文化交流史』（冨山房　昭和三十年）
漢・六朝篇（原史時代に於ける中国文化の波及、倭国と漢魏との通交、日本と中国南朝との交渉、上古の帰化漢人と文化の流入）、隋・唐篇（遣隋使、遣唐使、遣唐使廃絶後の日唐交通、遣唐学生・学問僧と文化の移植、帰化唐人・印度人・西域人と文化の移植）、五代・北宋篇（五代に於ける日華の通交、北宋との通交）、南宋・元篇（南宋との貿易、入宋僧・帰化宋僧と文化の移植、元との貿易、帰化元僧と文化の移植、入元僧と文化の移植）、明・清篇（足利幕府と明との通交貿易其一、足利幕府と明との通交貿易其二、入明僧・来朝明人と文化の移植、明末に於ける日華の通交、清との貿易、来朝並びに帰化明清人と文化の移植）、附録（日華通交年表、索引）
＊本書は、木宮泰彦『日支交通史』上・下（金刺芳流堂、大正十五年・昭和二年）を増補訂正したものである。

長沼賢海『日本の海賊』（日本歴史新書）（至文堂　昭和三十年）
一海賊と云うものは、二海賊のおこり、三瀬戸内海航路の発達、四海賊の養殖池、五瀬戸内海の盲点、海賊の性格、六海賊藤原広嗣と同純友、七日宋文化の交流と宋海商、八宋の商客と国際児、九新羅海賊の波紋、一〇宗像氏の海上発展、一一海商西海に起る、一二海賊松浦党の結成、一三松浦海賊の連盟と規約、一四船路の遊女、一五海賊大将軍、一六海商の発展と切支丹大名、一七バハン船及び東西の大海戦、一八

海賊城と海賊、一九因島の本主村上氏、二〇野島の海内将軍村上氏、二一宮島海戦と一向宗海賊一揆、二二海賊の戦法、瀬戸内海要地図、北九州要地図

稲村賢敷『琉球諸島における倭寇史跡の研究』（吉川弘文館　昭和三十二年）

第一編序説（倭寇の起り、前期倭寇に就いて、室町時代の日明貿易と倭寇、後期倭寇の大要）、第二編宮古諸島にある倭寇史跡（上比屋山遺跡の概観、上比屋山遺跡に関する伝説、上比屋山遺跡の発掘品、双紙とは如何なる書か、双紙の内容に関する解説、双紙に関する年代に就いて、上比屋山遺跡に関する考察、宮国村附近の倭寇遺跡、川満部落附近の倭寇遺跡、保良元島の倭寇遺跡、童名の研究）、第三編八重山諸島にある倭寇史跡（石垣島中間丘の倭寇史跡、竹富島牛岡の倭寇史跡、波照間島の倭寇史跡、西表島の倭寇史跡、八重山諸島の倭寇史跡に関する年代考）、附（久米島における倭寇史跡）

田中健夫『中世海外交渉史の研究』（東大人文科学研究叢書）（東京大学出版会　昭和三十四年）

第一倭寇の変質と日鮮貿易の展開、第二日鮮貿易における博多商人の活動、第三李氏世宗朝における日鮮交通の諸問題、第四中世の対馬と宗氏の勢力拡張（付、対馬の古文書）、第五遣明船貿易家楠葉西忍とその一族、第六善隣国宝記の成立事情とその背景——室町外交における五山僧侶の立場——、第七中世日鮮交通における貿易権の推移、第八籌海図編の成立、第九いわゆる島井宗室日記について、第十中世海賊史研究の動向

田中健夫『倭寇と勘合貿易』（日本歴史新書）（至文堂　昭和三十六年・同四十一年増補）

第一章前期倭寇の発生とその活動、第二章勘合貿易体制の成立、第三章遣明船貿易の展開、第四章日鮮貿易の推移、第五章南海貿易の盛衰、第六章勘合貿易体制の崩壊、第七章後期倭寇の消長、参考文献、索引

石原道博『倭寇』（日本歴史叢書）（吉川弘文館　昭和三十九年）

第一問題の所在、第二倭寇の残暴、第三倭寇観の再検討（一）、第四倭寇観の再検討（二）、第五倭寇の成

立、第六総括、略年表、倭寇関係地図、参考文献、索引

李鉉淙『朝鮮前期対日交渉史研究』（韓国研究叢書）（韓国研究院　昭和三十九年）
緒論、麗末の内外事情、倭寇および対倭政策、入国倭人、対倭貿易、帰化倭人、対倭人収税、三浦倭乱顚末、壬申条約締結始末、丁未条約締結始末とその後の倭寇、対倭使節派遣、対倭文化・技術・医薬品交流

中村栄孝『日鮮関係史の研究　上』（吉川弘文館　昭和四十年）
十三・四世紀の東アジアと日本、文永・弘安両役間の国際政局――日本・モンゴル間の高麗――、文永・弘安両役に関する史料の解釈、後百済王および高麗太祖の日本通使、室町時代の日鮮関係、『太平記』に見える高麗人の来朝――武家政権外交接収の発端――、朝鮮世宗己亥の対馬征伐――応永の外寇を朝鮮から見る――、ツシマの歴史的位置、『海東諸国紀』の撰修と印刷、朝鮮初期の文献に見える日本の地名、日鮮交通の統制と書契および文引、浦所の制限と倭館の設置、倭人上京道路、朝鮮初期の受図書倭人、受職倭人の告身、三浦における倭人の争乱、厳島大願寺僧尊海の朝鮮紀行――巨酋大内殿使送の一例――、「右武衛殿」の朝鮮遣使

呼子重義『海賊松浦党』（人物往来社　昭和四十年）
倭寇――陰の国防水軍、水軍松浦党の誕生、朝夷名三郎と松浦党、蒙古来たる、元寇への報復、征西府と松浦水軍、高麗の没落と朝鮮の建国、応永対馬の変、倭寇に代る朝鮮貿易、嘉靖の大寇と松浦海賊、征鮮役と上松浦党の没落、記録から見た倭寇の出身地、倭寇と現代の問題

中村栄孝『日本と朝鮮』（日本歴史新書）（至文堂　昭和四十一年）
第一華夷の世界（中国の東アジア支配、日本の朝鮮進出、国際意識の形成、東アジアの通商圏、華夷世界の変貌）、第二交隣外交の成立（交隣の前提――倭寇対策の進展――、足利政権の朝鮮修交、朝鮮の対日交通統制、対馬の特殊権益）、第三定約通商の体制（使船定数の確立、日鮮貿易の発展、約条の更定）、第

四日・明戦争と朝鮮（豊臣秀吉の征明計画、朝鮮出兵、日・明間の講和交渉）、第五交隣関係の更新（国交の回復、徳川政権の外交体制、朝鮮の日本通信使、対馬の交隣管掌、日本と朝鮮の相互認識）、参考文献、索引

田村洋幸『中世日朝貿易の研究』（三和書房　昭和四十二年）

序論麗末鮮初における倭寇の活動とその性格（第一章倭寇時代以前の倭寇の概況、第二章倭寇時代における倭寇について、第三章倭寇をめぐる諸問題について、第四章倭寇猖獗の基本的原因）、本論中世日朝貿易の展開（第一章対馬島の対鮮貿易、第二章壱岐・松浦地方の対鮮貿易、第三章南九州地方の対鮮貿易、第四章北九州地域の対鮮貿易、第五章畿内地域の対鮮貿易）、補論中世対外貿易史方法論への試論、年表、索引

＊なお田村氏には史料集として『日麗関係編年史料』（峯書房、昭和四十二年）、『太祖・定宗・太宗実録、日朝関係編年史料』（三和書房、同年）、『世宗実録、日朝経済史料』（厚生閣、昭和四十三年）がある。

須藤利一編『ものと人間の文化史　船』（法政大学出版局　昭和四十三年）

1日本船舶史の流れ（須藤利一）、2古代の船――日本の丸木船を中心に――（清水潤三）、3遣唐使船（森克己）、4遣明船とバハン船（田中健夫）、5朱印船と海外貿易（岡田章雄）、6近世初期の西洋型帆船（石井謙治）、7水軍とその軍船（小佐田哲男）、8千石船――大和型荷船――（石井謙治）、9江戸時代の海運（柚木学）、10千石船の航海（南波松太郎）、11漂流――太平洋で外国船に救助された日本船――（川合彦充）、12近代造船の曙（山高五郎）、13川と川舟の讃頌――芦の花咲く大淀の三十石舟と、京の高瀬舟――（立川春重）、14船霊の信仰（桜田勝徳）、〔付〕日本の船の歴史表、日本漂流船が救助された場所

中村栄孝『日鮮関係史の研究　中』（吉川弘文館　昭和四十四年）

十五・六世紀の東アジアと日本、豊臣秀吉の外征――文禄・慶長の役――、対外戦争における豊臣秀吉の

目的、朝鮮全州の史庫とその蔵書――壬辰・丁酉の乱と典籍の保存――、明・鮮外交文書集『事大文軌』、朝鮮役の投降倭将金忠善――その文集と伝記の成立――、朝鮮役の俘虜鄭希得の『月峯海上録』、朝鮮役の俘虜金光の送還、李舜臣の遺宝――朝鮮役海戦の基本史料――、柳成竜家の壬辰・丁酉倭乱史料

中村栄孝『日鮮関係史の研究　下』（吉川弘文館　昭和四十四年）

歳遣船定約の成立――十五世紀朝鮮交隣体制の基本約条――、十六世紀朝鮮の対日約条更定――対馬の朝鮮貿易独占過程――、江戸時代の日鮮関係、朝鮮の日本通信使と大坂、『捷解新語』と『倭語類解』、オランダ船の漂着をめぐる交渉、竹島と鬱陵島――竹島の帰属問題によせて――、外交史上の徳川政権――大君外交体制の成立とその終末――、〔別編〕朝鮮の古版印刷、『高麗史節要』の印刷と伝存、清太宗の朝鮮征伐に関する古文書、朝鮮英祖の『承政院日記』改修事業、朝鮮史の編修と朝鮮史料の蒐集――朝鮮総督府朝鮮史編修会の事業――、索引

呼子丈太朗（重義）『倭寇史考』（新人物往来社　昭和四十六年）

倭寇の抬頭と軍事行動への必然性、政治的活動への転移、高麗・朝鮮を舞台とした倭寇、李朝文献の記す倭寇と貿易、中国における倭寇の実態、明朝嘉靖期倭寇の実態、秀吉の大倭寇的海外進出時代、倭寇についての論考と文学、今日に伝わる倭寇遺聞、倭寇史の持つ今日的意義、付（『籌海図編』所載「寇踪分合始末図譜」、倭寇進出地図、参考図版

原色複製本『倭寇図巻』（近藤出版社　昭和四十九年）

〔解説〕『倭寇図巻』について（田中健夫）、『倭寇図巻』の絵画表現について（川上涇）

田中健夫『中世対外関係史』（東大人文科学研究叢書）（東京大学出版会　昭和五十年）

緒言――研究史の回顧と展望――、第一章十四世紀以前における東アジア諸国との関係、第二章冊封関係の成立、第三章朝鮮との通交関係の成立、第四章明および朝鮮との通交貿易の展開、第五章文禄慶長の役

と対馬、第六章鎖国成立期における朝鮮との関係、結言――中世における対外関係の性格――補論（「吉見」の図書について、琉球に関する朝鮮史料の性格、朝鮮と琉球の関係の諸時期とその特質、明人蔣洲の日本宣諭――王直の誘引と戦国日本の紹介――、『倭寇図巻』について、豊臣秀吉の水軍と石井与次兵衛、菅流水軍の祖菅平右衛門尉道長の生涯とその史料）、索引

森克己『新訂日宋貿易の研究』（森克己著作選集第一巻）（国書刊行会　昭和五十年）

序説（日宋貿易の特殊性、陸と海との相関性、研究範囲の限界、叙述の構成）、第一編日宋貿易の端緒的形態（第一章東洋国際貿易の普遍型、第二章外国使節と外国商人の差別、第三章平安京貿易の展開、第四章大宰府貿易の展開、第五章寛平・延喜に於ける貿易統制の改革）、第二編我が受動的貿易の展開（第一章我が政府の対外方針、第二章宋朝政府の対外方針、第三章我が対外方針に於ける内的矛盾、第四章内的矛盾の展開、第五章内的矛盾の激化、第六章内的矛盾の止揚）、第三編我が能動的貿易の展開（第一章輸入品と其の受容、第二章能動的貿易の基礎構成、第三章能動的貿易の発展過程に於ける高麗の地位、第四章能動的貿易の飛躍的発展、第五章能動的貿易の変質）、第四編貿易の展開と関税的性質の発生（第一章唐宋時代海関税の発達、第二章貿易に於ける献納品の性質、第三章献納品の変質、第四章献納品の関税化）、第五編自由貿易より統制貿易への復帰（第一章日宋貿易効果の国内経済への内転、第二章我が社会経済の貿易への反転、第三章日元貿易の展開）、附録（日宋・麗交通貿易年表、索引）

＊本書は昭和二十三年の国立書院刊行本の新訂版である。

森克己『続日宋貿易の研究』（森克己著作選集第二巻）（国書刊行会　昭和五十年）

海路による東方貿易の展開、日宋交通と海洋の自然的制約、日唐・日宋交通の航路の発達、遣隋使と遣唐使、欧船来航以前の海外交通と技術的制約、遣唐使と新羅・渤海との関係、遣唐使と新羅との関係――鈴木靖民氏の批判に答う――、古代南方との交渉、万葉集と対外政治、慈覚大師と新羅人、遣唐使廃止に対

する再吟味、末期日唐貿易と中世的貿易の萌芽、転換期十世紀の対外交渉、日宋交渉の発展過程、日宋貿易に活躍した人々、東宮と宋商周良史、参天台五台山記について、戒覚の渡宋記について、日本・高麗来航の宋商人、日宋貿易における中国商人の性格、日宋交通と耽羅、日宋麗連鎖関係の展開、日麗交渉と刀伊賊の来寇

森克己『続々日宋貿易の研究』〔森克己著作選集第三巻〕（国書刊行会　昭和五十年）

日本商船の高麗・宋への進出の端緒、日・宋と高麗との私献貿易、日麗交渉と倭寇の発生、日宋貿易と鎌倉時代、鎌倉時代の日麗交渉、日元交渉、金沢文庫文書に現われた日元貿易、日宋文化と金沢文庫、日宋・日元貿易と貿易品、宋銅銭の宋国外流出、金都上京出土の宋銭、宋銅銭流通への基盤、宋銅銭の我が国流入の端緒、日宋貿易と奥州の砂金、日宋交通と地理学的世界観——特に栗棘庵の輿地図について——、欧船来航以前の海外交通と世界意識、中世に於ける対外認識の展開、欧船来航以前の所謂「南蛮」、征西将軍宮の対外方針、中世末・近世初頭における対馬宗氏の朝鮮貿易、近世に於ける対鮮密貿易と対馬藩、付日中交流史年表

森克己・田中健夫編『海外交渉史の視点　1』（日本書籍株式会社　昭和五十年）

明の朝貢海禁体制のもとに東アジアはどのように組み込まれたか。前期倭寇の活動はどうであったか、中国や朝鮮にどのような影響をおよぼしたか。勘合貿易開始にどのような努力が払われたか、日本の勘合船は明でどう扱われたか。勘合貿易の実態はどうであったか。後期倭寇はどのような活動をしたか（以上、佐久間重男）。壱岐と対馬は古代から対外交渉にどのような役割を果したしたか。応永の外寇・三浦の乱はなぜ起こったか。朝鮮との貿易はどのように推移したか（以上、長節子）。琉球の統一と発展はどのように進んだか。中世琉球の文化はどのようであり日本とどのように交流したか（以上、喜舎場一隆）、他

長沼賢海『日本海事史研究』（九州大学出版会　昭和五十一年）

第一編大船廻法研究、第二編大船廻法奥書集成、第三編松浦党及び門司氏等諸氏研究、第四編補論（島津氏の南方交通、国際混血児、箱崎及び大山崎油座）
＊長沼氏が昭和三十二年に出した『松浦党の研究』（九州史学叢書）は、本書の第三編に収録されている。
石井正敏・川越泰博編『日中・日朝関係研究文献目録』（国書刊行会　昭和五十一年）
京都外国語大学付属図書館編『対外交渉史文献目録　近世篇』（雄松堂書店　昭和五十二年）
『遣明船と倭寇』（図説人物海の日本史3）（毎日新聞社　昭和五十四年）
足利尊氏と足利義満（永原慶二）、楠葉西忍と策彦周良（三浦圭一）、大内義弘（長部日出雄）、瀬戸内水軍（宇田川武久）、王直と徐海（佐久間重男）、松浦党（瀬野精一郎）、武田水軍（柴辻俊六）、時代解説（田中健夫）、船と航海の歴史（石井謙治）、歴史文学と海（尾崎秀樹）、他

論文

有馬成甫「村上水軍と倭寇」（「国史学」二一　昭和九年）
池内　宏「明初に於ける日本と支那との交渉」（「歴史地理」六ノ五〜八　明治三十七年）
石原道博「日明交渉の開始と不征国日本の成立——明代の日本観（一）」（「茨城大学文理学部紀要」人文科学4　昭和二十九年）
同「日明通交貿易をめぐる日本観——明代の日本観（二）」（「茨城大学文理学部紀要」人文科学5　昭和三十年）
同「倭寇と朝鮮人俘虜の送還問題（一）（二）」（「朝鮮学報」九・一〇　昭和三十一年）
同「「倭寇」の幻影」（「茨城大学文理学部紀要」人文科学10　昭和三十四年）
同「皇明祖訓の成立」（『清水博士追悼記念明代史論叢』所収　昭和三十七年）

同　「壬辰丁酉倭乱と戚継光の新法」（「朝鮮学報」三七・三八合併号　昭和四十一年）
同　「倭寇の幻影と実体」（『日本と世界の歴史』一三　所収　昭和四十五年）
同　「倭寇の戦術について」（「海事史研究」二〇　昭和四十八年）
伊藤公夫「嘉靖海寇反乱の再検討――王直と嘉靖三十年代前半の海寇反乱をめぐって――」（「明代史研究」八　昭和五十五年）
伊波普猷「琉球に於ける倭寇の史料」（同氏『古琉球』所収　昭和十七年）
今枝愛真・村井章介「日明交渉史の序幕――『明国書幷明使仲猷無逸尺牘』を中心に――」（「東京大学史料編纂所報」一一　昭和五十一年）
太田弘毅「倭寇時代の日本の船舶――「武備志」の記載を中心に――」（「芸林」一八ノ六　昭和四十二年）
同　「倭寇の水・米補給について（上）（下）」（「芸林」二三ノ一・二　昭和四十七年）
同　「倭寇防禦のための江防論について」（「海事史研究」一九　昭和四十七年）
片山誠二郎「明代海上密貿易と沿海郷紳層」（「歴史学研究」一六四　昭和二十八年）
同　「嘉靖海寇反乱の一考察――王直一党の反抗を中心に――」（『東洋史学論集』四　昭和三十一年）
同　「明帝国と日本」（筑摩書房『世界の歴史』11　所収　昭和三十六年）
同　「月港「二十四将」の反乱」（『清水博士追悼記念明代史論叢』所収　昭和三十七年）
川越泰博「明代海防体制の形成について」（「中央大学大学院研究年報」創刊号　昭和四十六年）
同　「明代海防体制の運営構造――創成期を中心に――」（「史学雑誌」八一ノ六　昭和四十七年）
同　「明代海防軍船の噸数について」（「海事史研究」一九　昭和四十七年）

呉　玉年「明代倭寇史籍誌目」（「禹貢」二ノ四　昭和九年）

後藤秀穂（粛堂）「倭寇軍船考」（「日本及日本人」五〇九　明治四十二年）

同「予が観たる倭寇」（「歴史地理」二三ノ五・六、二四ノ一・二　大正三年）

同「鉄砲論傍系の一重要問題」（「歴史地理」二四ノ五　大正三年）

同「膠州湾を中心としたる山東の倭寇」（「史学雑誌」二五ノ一二　大正三年）

同「倭寇の説明する我が国民性の一角」（「史学雑誌」二六ノ一　大正四年）

同「最も深く内地に侵入したる倭寇の一例」（「歴史地理」二五ノ一　大正四年）

同「倭寇詩史」（「歴史地理」二五ノ六、二六ノ一・二　大正四年）

同「姑蘇城外に於ける倭寇」（「史学雑誌」二七ノ二　大正五年）

同「倭寇史上に於ける支那の都市」（「歴史地理」二七ノ五　大正五年）

同「倭寇と日本刀」（「歴史地理」二八ノ二　大正五年）

同「西力東漸と倭寇」（「歴史地理」二九ノ一・二・六、三〇ノ二　大正六年）

同「海国民としての倭寇」（「歴史と地理」四ノ一　大正八年）

同「倭寇とバハン船に就て」（「史学雑誌」三〇ノ七　大正八年）

同「倭寇時代における日・韓・漢の貿易品」（「東亜経済研究」五ノ一　大正十年）

同「倭寇王王直(1)(2)(3)」（「歴史地理」五〇ノ一・二・四　昭和二年）

同「倭寇に就て」（「中央史壇」一三ノ六・七・八・九・一一・一二　昭和二年）

同「倭寇風俗考」（「中央史壇」一四ノ二・三・五　昭和三年）

小葉田淳「勘合貿易と倭寇」（『岩波講座日本歴史7』所収　昭和三十八年）

小宮山綏介「倭寇の始末」（国学院編『国史論集』所収　明治三十六年）

佐久間重男「明代の外国貿易——貢船貿易の推移——」（『和田博士還暦記念東洋史論叢』所収　昭和二十六年）
同　「明代海外私貿易の歴史的背景——福建省を中心として——」（「史学雑誌」六二ノ一　昭和二十八年）
同　「明朝の海禁政策」（「東方学」六　昭和二十八年）
同　「中国の或る貿易商」（「歴史家」創刊号　昭和二十八年）
同　「明初の日中関係をめぐる二、三の問題——洪武帝の対外政策を中心として——」（「北海道大学人文科学論集」四　昭和四十年）
同　「永楽帝の対外政策と日本」（「北方文化研究」二　昭和四十二年）
同　「明代中期の対外政策と日中関係」（「北海道大学人文科学論集」八　昭和四十六年）
同　「嘉靖海寇史考——王直をめぐる諸課題——」（『星博士退官記念中国史論集』所収　昭和五十三年）
同　「中国嶺南海域の海寇と月港二十四将の反乱」（「青山史学」五　昭和五十三年）
佐々木銀弥「海外貿易と国内経済」（『講座日本史3』所収　昭和四十五年）
幣原　坦「倭寇に就て」（『続史的研究』所収　大正五年）
柴田卓郎「倭寇と元・明」（「歴史教育」八ノ九　昭和三十五年）
杉浦亮治「アジアの中世——倭寇禁圧使節を通しての日麗関係——」（愛知学芸大学歴史学会「歴史研究」一一　昭和三十九年）
瀬野精一郎「海事史料としての青方文書」（「海事史研究」二五　昭和五十年）
田中義成「倭寇と李成桂」（「歴史地理」朝鮮号　明治四十三年）

玉村竹二「囚はれの明人張徳廉」(『日本禅宗史論集　上』所収　昭和五十一年)
田村栄太郎「倭寇物語」(「歴史科学」三ノ五　昭和九年)
長沼賢海「倭寇とバハン船及宝船」(「史学雑誌」三〇ノ二・五　大正八年)
中山久四郎「倭寇史説」(『日本精神史講座』八　昭和九年)
同「倭寇の真相」(「歴史教育」三ノ八　昭和三十年)
藤井　宏「新安商人の研究」(「東洋学報」三六ノ一〜四　昭和二十八・二十九年)
箭内健次「南蛮貿易」(『岩波講座日本歴史9』所収　昭和三十八年)
李　献璋「嘉靖年間における浙海の私商及び船主王直行蹟考(上)(下)」(「史学」三四ノ一・二　昭和三十六年)
同「嘉靖大倭寇の始末」(「華僑生活」二ノ七、九・一〇合併号、三ノ春季号　昭和三十八・三十九年)
同「嘉靖海寇徐海行蹟考」(『石田博士頌寿記念東洋史論叢』所収　昭和四十年)
渡辺三男「明末の日本研究書『日本一鑑』について」(「駒沢大学研究紀要」一三　昭和三十年)
同「明人による日本語文理解の経過」(「鶴見女子短期大学紀要」二　昭和三十七年)
Benjamin H. Hazard, "The formative years of The Wako, 1223-63" (Monumenta Nipponica, Studies in Japanese culture, volume XXII・numbers 3-4, Sophia University Tokyo)

倭寇関係年表

西暦	日本年号	事項
一二二三	貞応　二	『高麗史』に倭寇の記事がはじめて記される。○道元・加藤景正入宋。
一二二六	嘉禄　二	『明月記』『民経記』に日本人と高麗人の合戦の記事がみえる。
一二二七	安貞　元	高麗全羅州道按察使、大宰府に対馬島人の悪事を訴える。○少弐資頼、前年高麗を犯した対馬の悪徒九〇人を斬る。
一二三二	貞永　元	筑前鏡社の住人が高麗より珍宝を奪って帰る。
一二四四	寛元　二	日本船高麗に漂着、略奪される。
一二五九	正元　元	高麗、使者を日本に送り海賊の禁止を請う。
一二六三	弘長　三	高麗、倭寇の禁止を日本に請う。
一二七〇	文永　七	高麗の三別抄軍、江華島・珍島・済州島で蒙古軍と戦う。
一二七一	〃　八	三別抄の使者、日本に救援を求める。○蒙古使、今津に来る。○蒙古、国号を元と改める。
一二七四	〃　一一	文永の役
一二七五	建治　元	元使、長門室津に来る。○元、宋を滅す。○幕府、明年三月を期し、高麗征伐を計画（不実施）。
一二七八	弘安　元	『高麗史』に、成語としての「倭寇」の使用がみえる。

一二八一	弘安	四	弘安の役
一二九二	正応	五	日本商船、元の慶元にいたり貿易。元では海防を厳重にする。
一二九八	永仁	六	マルコ=ポーロ『東方見聞録』成立。
一三〇一	正安	三	異国の兵船二百余隻が薩摩甑島の海上にあらわれる。
一三〇三	嘉元	元	元で商人の下海を禁じる。
一三〇六	徳治	元	日本船、慶元にいたり貿易、金の鎧甲を献ずる。
一三〇七	〃	二	日本船の人、慶元の民家を焼く。
一三〇九	延慶	二	日本船の人、慶元城内に侵入。
一三二五	正中	二	元に建長寺造営料唐船派遣（翌年帰国）。
一三二六	嘉暦	元	元から帰国の日本船、高麗の沿岸で坐礁、土民に襲われる。
一三二八	〃	三	関東大仏造営料唐船を元に派遣することを計画。
一三三二	正慶	元	元に摂津住吉社造営料唐船派遣（翌年帰国）。
一三四一	暦応	四	元に天竜寺船を派遣。
一三五〇	観応	元	倭寇、高麗の各地を襲う。○この年より倭寇の活動がはげしくなる（庚寅以来の倭寇）。
一三五八	延文	三	高麗では倭寇のため財政が窮乏し、百官の俸禄が支給できなくなる。○このころより中国大陸に倭寇出現。
一三六三	貞治	二	倭寇、元の蓬州を襲う。
一三六六	〃	五	高麗の使者、出雲に着岸。室町幕府に倭寇の禁止を要求（翌年帰国）。
一三六八	応安	元	元滅び、明おこる。朱元璋（太祖洪武帝）即位。
一三六九	〃	二	明使来り、倭寇のことを責める。懐良親王これを拘留する。○明使、高麗に

		倭寇に対する武備の必要を説く。○このころ高麗に投化倭人あらわれる。
一三七〇	応安　三	明使、明で捕えた日本人の海賊を征西将軍府に送還する。
一三七一	〃　四	懐良親王、倭寇が捕えた被虜人を明に送還する。
一三七二	〃　五	明使、博多に来る。翌年、京都にのぼる。○琉球の中山王、明に朝貢。○明で快速船をつくり倭寇の防備にあてる。
一三七三	〃　六	明の太祖、高麗の使者に倭寇の取り締りを督励する。
一三七五	永和　元	藤経光、高麗に入寇すると称して食糧を求め、金先致、これを誘殺しようとして失敗する。○倭寇の禁止を求める高麗使者来日。
一三七六	〃　二	高麗の李成桂（のちの朝鮮太祖）倭寇を智異山に撃破する。
一三七七	〃　三	倭寇禁止を求める高麗使者来日。○今川了俊、倭寇が捕えた被虜人を高麗に送還する。
一三七八	〃　四	倭寇禁止を求める高麗使者来日。
一三八〇	康暦　二	南原山城の戦いで日本人阿只抜都奮戦。李成桂これを破る。○足利義満の使者明にいたり、しりぞけられる。
一三八二	永徳　二	高麗で禾尺・才人（賤民）が倭寇の名をかたり、諸所を荒らす。
一三八三	〃　三	明で海禁の制を厳重にする。
一三八四	至徳　元	明の太祖、沿海に築城し、備倭都指揮使司をおく。
一三八六	〃　三	明で、胡惟庸の事件にからみ、林賢が日本に武器・兵員の援助を依頼したことが発覚する。
一三八八	嘉慶　二	今川了俊、高麗に被虜人を送還し、大蔵経を求める。○暹羅船日本来着（翌年高麗にむかう）。

一三八九	康応　元	高麗慶尚道元帥朴葳、兵船一〇〇隻をひきい対馬を撃つ。〇琉球中山王察度、高麗に倭寇による被虜人を送還する。
一三九〇	明徳　元	明で海禁を強化する。
一三九一	〃　二	今川了俊、高麗に被虜人をかえし、禁賊を誓う。〇明で沿海の衛所に船二隻を配置、盗賊に備える。
一三九二	〃　三	高麗滅亡。李成桂（朝鮮太祖）即位（翌年国号を朝鮮とする）。〇朝鮮太祖の使が来て幕府に倭寇の禁止を要求する。〇琉球中山王、倭寇による被虜人を朝鮮に送還する。
一三九三	〃　四	朝鮮都評議使司、太祖に近年倭寇の害が減少したことを報告する。
一三九四	応永　元	今川了俊、朝鮮に被虜人を送還し、大蔵経を求める（以後しばしば被虜人送還、経典請求）。
一三九六	〃　三	倭寇一二〇隻、朝鮮慶尚道に入寇。〇倭船六〇隻、朝鮮に投降。疚六等朝鮮に降り、宣略将軍に補せられる。〇朝鮮太祖、対馬征伐を計画。
一三九七	〃　四	倭魁羅可温等、朝鮮に降る。以後降倭続出する。〇大内義弘、朝鮮に使を送る。
一三九八	〃　五	朝鮮より回礼使朴惇之来日。〇足利義満、大内義弘に託して書を朝鮮に送り、大蔵経を求める。
一三九九	〃　六	朴惇之、朝鮮に帰る。足利義満、被虜人一〇〇人をかえし、大蔵経の板木を求める。〇大内義弘、朝鮮に土地を求める。
一四〇一	〃　八	足利義満、明に祖阿・肥富を派遣。
一四〇二	〃　九	朝鮮議政府、足利義満に倭寇の禁止と被虜人の送還を求める。〇義満、島津

		伊久に九州の人民が明に入寇するのを禁止させる。○明使、祖阿等とともに来日。
一四〇四	応永一一	義満の使者、明に赴き、対馬・壱岐の賊二〇人を献上する。
一四〇五	〃一二	明の鄭和の南海遠征（一四〇五～三〇）。
一四〇七	〃一四	日本国王（足利義満）、朝鮮に倭寇を禁じたことを報告する。○堅中圭密ら、明都に赴き、方物と捕えた倭寇を献上。
一四〇八	〃一五	朝鮮で各道の兵船を整備する。○南蛮船（パレンバンの船）若狭小浜に来着。
一四〇九	〃一六	斯波義将、朝鮮に書を送り、足利義満の死と義持の襲職を告げ、倭寇の禁止を約束し、大蔵経を求める。
一四一一	〃一八	足利義持、明の使者の入京を禁ずる。
一四一二	〃一九	南蛮船、若狭小浜に来着。
一四一三	〃二〇	明の成祖、日本征伐の意志があることを朝鮮の使者に語る。
一四一四	〃二一	宗貞茂・少弐氏の使者ら、朝鮮蔚山で暴動をおこす。
一四一八	〃二五	明使呂淵、倭寇数十人を送還して来日する。
一四一九	〃二六	倭寇、朝鮮庇仁県を襲う。○倭寇、遼東の望海堝の戦いで敗れる。○応永の外寇。○南蛮船、薩摩に来着。
一四二〇	〃二七	朝鮮より回礼使宋希璟が来日する。
一四二二	〃二九	琉球沖縄本島で三山統一される。
一四三三	永享五	足利義教、日明関係を再開する。
一四三四	〃六	大乗院領四八ヵ所の土民、渡唐反銭のことによって蜂起する。

一四三五	永享 七	宗貞盛、以後貞盛の文引のないものは接待せぬよう朝鮮に申し入れる。
一四四三	嘉吉 三	癸亥約条。対馬の歳遣船五〇隻にきまる。
一四五一	宝徳 三	朝鮮で『高麗史』成立。
一四五二	享徳 元	朝鮮で『高麗史節要』成立。
一四七〇	文明 二	瑞渓周鳳、『善隣国宝記』を撰する。
一四七一	〃 三	朝鮮の申叔舟、『海東諸国紀』を撰する。
一四八六	〃 一八	季弘大叔、日本人が中国で「儞的強盗人」（ニチキャントー）という罵言をうけていることを聞く。○バルトロメウ＝ディアス、喜望峰に達する。
一四九二	明応 元	コロンブス、北アメリカを発見。
一四九八	〃 七	バスコ＝ダ＝ガマ、インド西岸カリカットに到着。
一五一〇	永正 七	朝鮮で三浦《さんぽ》の乱おこる。○幕府、弸中を朝鮮に送り、和議をはかる。○アルブケルケ、ゴアを奪取する。
一五一二	〃 九	朝鮮との間に壬申約条が成立。宗氏の歳遣船二五隻となる。○トメ＝ピレス、マラッカにいたる。
一五一六	〃 一三	三宅国秀、琉球遠征計画を理由に、島津氏によって誅殺される。
一五一七	〃 一四	ポルトガル人、明の広東に入港して通商を求める。
一五一九	〃 一六	マゼラン、世界周航に出発（一五一九～二二）。
一五二一	大永 元	ポルトガル人、広州における中国貿易を禁止される。
一五二三	〃 三	細川・大内二氏の使者、明の寧波で対立して争う（寧波の乱）。○明の定海薛俊、『日本国考略』を撰す。
一五二六	〃 六	明人鄧獠、雙嶼に拠り密貿易を行なう。

一五二九	享禄　二	明で、浙江市舶太監を廃止する。
一五四〇	天文　九	明人王直、葉宗満等と広東に行き、大船を造り、硝石・硫黄・生糸・綿の密貿易を行なう。
一五四三	〃　一二	ポルトガル人、種子島に鉄砲を伝える。王直、同船して斡旋する。
一五四四	〃　一三	日本船、朝鮮慶尚道蛇梁鎮を襲う（甲辰蛇梁の変）。
一五四五	〃　一四	王直、日本博多津の倭助才門等を雙嶼に誘い、密貿易を行なう。
一五四七	〃　一六	明の朱紈、浙江巡撫となり、倭寇の取り締りにあたる。○石山本願寺に明船が来る。
一五四八	〃　一七	明の朱紈、雙嶼港を包囲攻撃して、倭寇に大打撃をあたえる。王直・徐惟学、日本にのがれる。
一五四九	〃　一八	明の朱紈、失脚して自殺する。○フランシスコ＝ザビエル、鹿児島に上陸、伝道をはじめる。
一五五〇	〃　一九	王直、浙江海道副使丁湛の檄に応じて、盧七等を拏献する。
一五五一	〃　二〇	王直、中峰明本の墨蹟を大内義隆に献ずる。○王直、広東賊首陳思盻を捕えて献じる。○徐海、叔父の徐惟学とともに日本に渡り、大隅の某領主の人質となる。
一五五二	〃　二一	鄧文俊ら、明の台州を襲う。○明で海禁がゆるめられる。○都御史王忬、提督軍務として浙江・福建地方を巡視する。○ポルトガル人アルメイダ・ガーゴ・トルレスら来日。
一五五三	〃　二二	王直、瀝港を追われる。○王直の大船隊が中国の沿岸を襲撃する。

一五五四	天文二三	王忬のあとに、南京兵部尚書張経が総督軍務として海防を担当する。○徐海、この年から一五五六年にかけて、江蘇・浙江の諸地方を襲撃して王直と対立する。○ポルトガル人、ランパカウで広州との通商をみとめられる。
一五五五	弘治　元	王直、朝鮮全羅道方面に行動する（乙卯達梁倭変）。○張経、王江涇で倭寇を破る。○張経に代わり、都御史周珫が総督となり、ついで楊宜が総督になる。○倭寇、中国大陸の奥地に侵入し、浙江・安徽を荒し、南京を攻め、江蘇を攻略する。○徐海、日本人辛五郎とともに数万をもって柘林・乍浦を襲う。○蔣洲と陳可願、日本の五島に来る。
一五五六	〃　二	鄭舜功来日。○胡宗憲、楊宜に代わり総督となる。○徐海ら、大隅の辛五郎や種子島・薩摩・日向などの倭賊とともに入寇。○徐海、平湖県沈家荘で壊滅する。
一五五七	〃　三	王直、舟山列島定海にいたり投降。○ポルトガル人、マカオ居住を許される。
一五五八	永禄　元	倭船、朝鮮半島を襲う。
一五五九	〃　二	王直、斬られる。
一五六二	〃　五	張維ら福建省海澄県月港で叛す（月港二十四将の乱）。鄭若曾、『籌海図編』を撰す。
一五六三	〃　六	倭寇、福建の各地を襲撃、ついで興化府を陥す。都督劉顕・総兵兪大猷ら、これを破る。
一五六五	〃　八	鄭舜功『日本一鑑』を撰す。○イスパニア人、フィリピン島を征服。
一五六七	〃　一〇	明で海禁令が解除される。

一五七四	天正　二	林鳳・シオコ、フィリピンのマニラを襲う。
一五八八	〃　一六	豊臣秀吉、海賊の取り締りを命じる。
一五八九	〃　一七	豊臣秀吉、松浦氏に八幡（バハン）の取り締りを命じる。
一五九二	文禄　元	文禄・慶長の役おこる（一五九二〜九八）。○侯継高『全浙兵制考』付録『日本風土記』成る。
一五九九	慶長　四	豊臣氏の五大老、島津氏にバハンの取り締りを命じる。

解説

村井章介

本書の著者田中健夫氏（以下「著者」と呼ぶ）は、二〇〇九年十月十二日、惜しまれつつ八六歳で亡くなった。著者は、太平洋戦争のさなかに東京帝国大学文学部で学生生活を送り、敗戦直後に疎開先の新潟県から帰京して卒業、同大学院をへて、一九四九年から東京大学史料編纂所に勤務し、主として『大日本古記録』の編纂に従事した。一九八四年に東大を定年退職してのちは、東洋大学・駒沢女子大学で教鞭をとり、東大在職中からの法政大学・東京外国語大学・東京大学・東洋大学・弘前大学・早稲田大学・放送大学・九州大学における講師もあわせて、七四歳まで現役としてかず多くの学生を育てた。

著者の研究領域は一貫して日本中世・近世の対外関係史であった。この分野は、一九四五年までは大陸への「雄飛」という国策の追い風を受けて隆盛を誇ったが、敗戦後は、天皇を頂点とする旧体制への批判と、弾圧から解放されたマルクス主義史学の隆盛のなかで、火が消えたように衰微をきわめた。歴史学界の主要な問題関心は、「万邦無比の神州」とされた日本の歩みのなかにも、世界史の発展法則が貫いていることを証明することにあったので、おのずと分野的には社会経済史、なかんずく社会の基底をなす生産関係・階級関係の解明に集中し、研究視角としては、どの民族国家も基本的におなじ発展の道すじをたどるはずという想定から、「一国史」に閉じられがちだった。

そんな状況のなかで、著者は「在学中から関心を持っていた日本文化の中で外国文化がどんな役割を担ってきたかという問題をさらに深く追及してみたいと思い」（『対外関係史研究のあゆみ』吉川弘文館、二〇〇三年、二六二頁）、対外関係史研究の孤塁を守った。しかし同学の士はあまりにも少なく、心配した先輩から〝普通の〟歴史学への方向転換を勧められたという。このころの孤独を、著者は「誰からも相手にされない研究分野で、このまま先学から受け継いだ学問を伝えることもなく、終わってしまうのかと思っていました」と述懐している（インタビュー「戦後の中世対外関係史研究（下）」『日本歴史』五八七号、一九九七年、四九頁）。

著者は戦後歴史学の主流に棹さすことはなかったが、といって制度史や名分論中心の古めかしい「国史」に固執したわけではまったくない。逆に、近年の研究動向をさきどりしたかのような柔軟さがあった。一九六一年の著書『倭寇と勘合貿易』（至文堂日本歴史新書）の「はしがき」で、構成と叙述にあたって注意した点として、「アジア各国の国内事情との関連において把握すること」と「なるべく広範な国際的視野から検討すること」を掲げているのは、その一例である。それが一九八二年の『倭寇―海の歴史』(以下「本書」とよぶ)の「はじめに」では、「倭寇の功罪を論ずるよりも、倭寇の活動をなるべく高い観点から考察して、その実像を東アジアの国際社会という背景のなかに立体的に浮き彫りにしてみたい」と、より柔軟度をましている。

また、史料探索の範囲を貪欲にひろげようとする姿勢もめだつ。一九五四年の小文「小豆島の歌」(『先達の航跡』二〇一〇年、所収)で、壺井栄《つぼいさかえ》の童話にみえる小豆島に歌いつがれた俗謡と、明末の日本研究書『日本風土記』に紹介された歌との一致が指摘されているのをはじめ、『倭寇と勘合貿易』一九七~二〇〇頁と本書一六九~一七八頁に、倭寇の活動を写した小説「楊八老越国奇逢」が使われている(『中国古典文学全集19』平凡社、一九五八年、所収の松枝茂夫訳「三言二拍抄」による)。さらに文学だけでなく、画像史料にも関心を広げていったことは、後述のとおりである。近年の歴史学に顕著な学際的アプローチを、きわめて早くから実践していたのである。

さて本書は、一九八二年に「教育社歴史新書」シリーズの一冊(日本史66)として刊行された。その後このシリーズは、一九九六年に株式会社ニュートンプレスに引き継がれ、翌年本書も体裁・判型・本文などはもとのままで「新装版」として同社から再刊行されたが、近年では入手が困難となっていた。

本書は、倭寇という海賊集団のみを論じたものではなく、倭寇という歴史事象の背景となる一四〜一六世紀の東アジア国際関係にも相当の紙数を割いている。その意味で、一九六一年刊行の『倭寇と勘合貿易』(以下「前著」とよぶ)とほぼおなじ領域をカバーしているが、両書で重点のおきかたは相当ことなっており、そこに著者の問題関心の推移をみてとることができる。本書刊行後のさらなる展開とあわせて、四点に整理して述べよう。

(一)前著で採用されていた前期倭寇/後期倭寇というよびかたを、本書では一四〜一五世紀の倭寇/一六世紀の倭寇に変更し、すべての章にこのタームが用いられている。変更の理由については、本書の補論というべき「「前期倭寇」「後期倭寇」というよび方について」と題する小文で、両時期以外にも倭寇とよばれる事象が存在したこと、両時期で構成員の内実がまったくことなること、の二点をあげている(『対外関係と文化交流』思文閣出版、一九八二年、三七三〜三七七頁)。提案された新呼称に瑕瑾があるわけではないが、後期(一六世紀)倭寇の理解において中国ファクターに重点をおきすぎた結果、日本列島とのかかわりが希薄になってしまったきらいがある。

(二)前著では全七章中二章が割かれていた後期(一六世紀)倭寇の比重が、本書では半分をこえるという重心移動がみられる。内容的にも、本書1〜3章の一四〜一五世紀倭寇および東アジア国際関係の記述は、前著を圧縮した観が強いのに対して、4〜6章の一六世紀倭寇については、ヨーロッパ勢力のアジア進出と倭寇化、『籌海図編《ちゅうかいずへん》』「寇踪分合始末図譜」による倭寇の首魁《しゆかい》の軌跡、絵画史料にみる倭寇の風俗、諸種の明代日本研究書にあらわれた中国人の日本認識などについて、くわしく記述され、はるかに充実したものとなっている。一九八七年に本書の中国語版『倭寇―海上歴史』が、「武漢大学十五十六世紀世界史研究室叢刊之一」として武漢大学出版社から刊行されたことは、とくにこの部分が中国で注目されたことをうかがわせる。

(三) 前著では広範な視野が強調されつつも、なお国家間関係によりそっていた印象が強いのに対して、本書では「国境にとらわれない海を中心とした歴史観の導入」が唱えられた(「はじめに」)。具体例をひとつだけあげるなら、一四二頁に、王直が大勢力に成長したのは商業取引の方法が適切だったからだ、という評価があり、通俗的倭寇イメージの意表をつく。密貿易をとりまく不安定な諸環境のなかで、「学問もあり計数にも明るく、それに衆望をあつめる性格をそなえていた」王直は、調停者としてうってつけで、「中国の法律にも日本の法律にも拘束されない場所」において、「まさに倭寇国の王とよばれるにふさわしい存在だった」という。

(四) 本書では、前著では見られなかった絵画史料への注目がめだち、それによって国際的相互認識論へと視野が拡大されている。①九四～九七頁に、『海東諸国紀』の日本・琉球図と博多商人道安との関係について簡単な記述がある。これを発展させて『東アジア通交圏と国際認識』(吉川弘文館、一九九七年)の「第四『海東諸国紀』の日本・琉球図」が書かれ

（初出一九八八年）、一九九一年に岩波文庫『海東諸国紀—朝鮮人の見た中世の日本と琉球』の訳注に結実した。②一八七頁以下で、「倭寇のイメージ作りに大きな役割を果した」『異称日本伝』所収の裸の倭寇像について、『学府全編』という明代の百科全書が原拠だとする後藤秀穂説が引用されている。このテーマは、『東アジア通交圏と国際認識』に収められた「第七　倭寇図雑考」（初出一九八八年）・「第八　倭寇図追考」（同一九九三年）・「第九　倭寇図補考」（同一九九四年）において、詳細かつ執拗に展開されることになる。③一八九頁以下で、倭寇に関する代表的な絵画史料『倭寇図巻』の図版をもとに、倭寇の掠奪・戦闘・鎮定が詳細に記述されている。その発端は一九七四年に刊行された同図巻の複製版（近藤出版社）の解説を手がけたことにあった。

本書刊行後現在までの三〇年間に、対外関係史研究は大きな変貌をとげた。一九七七年に著者を代表として「前近代対外関係史研究会」が発足し、そこに荒野泰典・石井正敏・加藤榮一・北島万次・評者ら第二世代の研究者が結集したことは、当該分野が歴史学界のなかで市民権を得つつあった状況を反映していた（著者編『日本前近代の国家と対外関係』吉川弘文館、一九八七年、「あとがき」参照）。一般社会においても学術領域においても、国境を超えた往来・交流が急激にさかんになった。さらに、「国民国家」を成員とする「一国史」の束として世界史をとらえる従来の視角がきびしく批判され、国家のわくぐみを相対化して、大小さまざまの「地域」や国境をまたぐ「境界空間」を歴史認識の場として設定する潮流が、大きなうねりとなってきた。

著者の研究もそうした潮流を敏感に反映し、ときにはさきどりしつつ、変貌をとげていった。一九九七年の『東アジア通交圏と国際認識』の「あとがき」はこう述べる。

前近代の東アジア通交圏を考察するにあたって、近代的な国境の観念はしばしば障害となることがある。国際交流の担い手には、国家の威信を背負った人々とともに、あるいはそれ以上に国家・国民・民族・国境の観念にとらわれずに行動した自由の民の存在があったことに注目しなければならないのである。それが倭寇・商人・使節請負人などである。最近、海洋の面から、あるいは境界領域の面から歴史の展開を考察しようとする論考が数多く発表されるようになったのもそのためである。

こうした観点からすれば、本書は萌芽的な段階にとどまっているといわざるをえないが、「私は本書を「海の歴史」の序章のつもりで書いた」というマニフェスト（「はじめに」）は、その後の著者および歴史学界の変貌の予兆のように聞こえる。そのことをふまえつつ、本書中その後の研究史でぬりかえられた部分をいくつか指摘しておこう。

（一）倭寇集団の理解について、本書ではその構成員の民族的出自にこだわる姿勢から脱しきれていない。「倭寇」という成語にふれて「「倭」という言葉で日本をさしていることはまちがいない」といい（一八頁）、「倭寇といわれる日本人の活動」といい（一四一頁）、後期（一六世紀）倭寇への中国官憲の対応について「日本人はもとより、中国人の盗賊もポルトガル人の密貿易者も、すべて倭寇として処理してしまった」という（一七六頁）ような記述に、それが露頭している。一九八七年の論文「倭寇と東アジア通交圏」（『東アジア通交圏と国際認識』所収）で、前期（一四～一五世紀）倭寇集団の主体を高麗・朝鮮人に求める衝撃的な見解がうちだされ、これを起点に激しい国際論争がおきることになったが、すでに本書において「禾尺・才人などの多数の高麗賤民が倭寇に合流して行動している」（四〇頁）という記述がみえる。

しかし評者は、倭寇の本質は国籍や民族の別をこえた境界的な人間集団であることにあり、それゆえ日本人海賊・中国人盗賊・ポルトガル人密貿易者自身が倭寇なのであって、かれらが形づくる人間集団において民族的出自は二次的な要素にすぎない、と考える。しかしいっぽうで、倭寇の根源が日本列島西辺にあると周囲から見られていたことも事実であって、その背景には、国家的統合の極小化、国王をふくむあらゆる階層の海域通交への参加という、中世末日本列島地域の特異性と、東アジア海域に対する独特の関わりかたがあった。そして、右の二点において、前期（一四～一五世紀）と後期（一六世紀）の倭寇に根本的な相違があるわけではない。著者の指摘にもかかわらず、双方に通底する要素にもっと注目すべきだと考えている（村井「倭寇とはだれか――十四～十五世紀の朝鮮半島を中心に」『東方学』一一九輯、二〇一〇年、参照）。

（二）一四世紀前半の「寺社造営料唐船」（建長寺船・天竜寺船等）について、森克己説によって「公許船は元から一般の船とはちがう特別の待遇をあたえられたようにおもわれる」（五九頁）と述べるが、「公許」による優遇が有効だったのは日本の領域内においてのみであり、元から特別待遇をあたえられるどころか、天竜寺船にいたっては海賊船とみなされ、乗客の上陸が許されなかった（村井「寺社造営料唐船を見直す――貿易・文化交流・沈船」『港町の世界史①港町と海域世界』青木書店、二〇〇五年。榎本渉『東アジア海域と日中交流――九～一四世紀』吉川弘文館、二〇〇七年）。

（三）『籌海図編』等が「倭好」を列記するなかで「永楽銭・開元銭は日本では用いられないように書いているのは誤りである。永楽銭が永高制のもととなる標準通貨であったことは冗言を必要とすまい」（一八一頁）と述べるが、近年急速に進展した前近代貨幣史研究によれば、永楽銭は戦国時代の東日本では標準通貨の扱いをうけたのに対して、西日本では逆に撰銭で排除される類に入れられていたという（中島圭一「西と東の永楽銭」石井進編『中世の村と流通』吉川弘文館、一九九二年。池享編『銭貨――前近代日本の貨幣と国家』青木書店、二〇〇一年。ほか）。

（四）『倭寇図巻』の年代と作者について、「一七世紀呉派文人画の画工によって描かれたものを、さらにだれかが模写したものと推定される」(一九〇頁)とするが、さいきん中国国家博物館にテーマと図柄が酷似する『抗倭図巻』が所蔵されていることが紹介され、日中両国の共同研究によって、後期(一六世紀)倭寇の同時代に江南で製作された、モチーフを共有する倭寇絵画群の存在が想定されるにいたった。中国側の研究者から、一五四頁に述べられた「平望王江涇の大捷」を描いたものとする説が提起されている(「専題 比較研究:《抗倭図巻》与《倭寇図巻》」『中国国家博物館館刊』二〇一一年第二期〈総第九一期〉)。

(五) 史料の誤釈のうちやや重いものを三つ。①一三六九年の洪武帝「賜日本国王璽書」を釈して、「もし臣属の意志がないなら、倭寇を厳重に取り締まるように求める」(六七頁)とするが、掲げられた書き下しの「臣たらずば」のあとに「即ち兵を修めて自ら固めよ」の一句が脱落していることによる誤釈であって、明軍の日本侵攻をちらつかせた脅し文句と解すべきである。②一四一九年の応永外寇の情報伝達について、「京都には少弐氏から探題持範の注進状という報告がとどいていた」(八六頁)とあるが、『看聞日記』に載せる探題持範注進状はあきらかに偽作で、『満済准后日記』にみえる少弐氏からの報告とは別ものである(村井『アジアのなかの中世日本』校倉書房、一九八八年、四〇七〜四〇八頁)。③一四二〇年の通事尹仁甫復命書の一節を「日本の国は国家の倉庫がなく、ただ富豪に財政を支持させている」(八七〜八八頁)と解釈するが、原文は「国無府庫、只令富人支待」で、国家財政が無実なためもっぱら富裕層に(外国使節を)接待させている、という意味である。

さいごに、著者の歴史学をより深く知るための文献を四つあげておく。①一九九四年の東洋大学退任に際して著者みずからが編んだ記念の小冊子『断片的自画像』。小文集・略年譜・著作論文目録からなるが、私家版で入手困難と思われる。②瀬野精一郎氏と評者によるインタビュー「戦後の中世対外関係史研究（上）（下）」（『日本歴史』五八六・五八七号、一九九七年）。半世紀をこえる研究生活の曲折が語られている。③著書『対外関係史研究のあゆみ』（吉川弘文館、二〇〇三年）。二〇〇〇年の史学会大会公開講演「対外関係史研究の課題」を巻頭に、戦後の研究史をたどる文章群と「史窓閑談」と題する小文集などが収められている。④死去の翌年二〇一〇年七月に開催された「田中健夫先生を偲ぶ会」に際して作られた小冊子『先達の航跡―田中健夫先生を偲ぶ』。構成は『断片的自画像』を踏襲し、著者の生涯の航跡を知ることができる。

（東京大学大学院人文社会系研究科教授）

KODANSHA

本書の原本は、一九八二年に教育社から、一九九七年にニュートンプレスから刊行されました。文庫化にあたっては、原本の明らかな誤植・誤記などを改めました。なお、現在では差別・偏見とされる表現がありますが、差別を助長する意図はないこと、著者が故人であることから、原本のままとしました。

田中健夫（たなか　たけお）

1923年群馬県生まれ。東京帝国大学文学部国史学科卒。東京大学史料編纂所教授，東洋大学教授などを経て東京大学名誉教授。2009年没。おもな著書に『中世対外関係史』『倭寇と勘合貿易』『島井宗室』『対外関係と文化交流』ほか。

講談社学術文庫

定価はカバーに表示してあります。

倭寇《わこう》　海《うみ》の歴史《れきし》

田中健夫《たなかたけお》

2012年１月11日　第１刷発行
2023年10月６日　第６刷発行

発行者　髙橋明男
発行所　株式会社講談社
東京都文京区音羽 2-12-21 〒112-8001
電話　編集（03）5395-3512
販売（03）5395-5817
業務（03）5395-3615
装　幀　蟹江征治
印　刷　株式会社ＫＰＳプロダクツ
製　本　株式会社国宝社
本文データ制作　講談社デジタル製作

ISBN978-4-06-292093-3

「講談社学術文庫」の刊行に当たって

これは、学術をポケットに入れることをモットーとして生まれた文庫である。学術は少年の心を養い、成年の心を満たす。その学術がポケットにはいる形で、万人のものになることは、生涯教育をうたう現代の理想である。

こうした考え方は、学術を巨大な城のように見る世間の常識に反するかもしれない。また、一部の人たちからは、学術の権威をおとすものと非難されるかもしれない。しかし、それはいずれも学術の新しい在り方を解しないものといわざるをえない。

学術は、まず魔術への挑戦から始まった。やがて、いわゆる常識をつぎつぎに改めていった。学術の権威は、幾百年、幾千年にわたる、苦しい戦いの成果である。こうしてきずきあげられた城が、一見して近づきがたいものにうつるのは、そのためである。しかし、学術の権威を、その形の上だけで判断してはならない。その生成のあとをかえりみれば、その根は常に人々の生活の中にあった。学術が大きな力たりうるのはそのためであって、生活をはなれた学術は、どこにもない。

開かれた社会といわれる現代にとって、これはまったく自明である。生活と学術との間に、もし距離があるとすれば、何をおいてもこれを埋めねばならない。もしこの距離が形の上の迷信からきているとすれば、その迷信をうち破らねばならぬ。

学術文庫は、内外の迷信を打破し、学術のために新しい天地をひらく意図をもって生まれた。文庫という小さい形と、学術という壮大な城とが、完全に両立するためには、なおいくらかの時を必要とするであろう。しかし、学術をポケットにした社会が、人間の生活にとってより豊かな社会であることは、たしかである。そうした社会の実現のために、文庫の世界に新しいジャンルを加えることができれば幸いである。

一九七六年六月　　野間省一